AF522975

Baierbrunner Straße 27, 81379 München
Ausgabe 2024
2. Auflage

Text: Karolin Küntzel
Redaktion: Jennifer Döhring
Fachredaktion: Dr. Heidi Schooltink
Produktion: Ute Hausleiter
Abbildungen: siehe Bildnachweis S. 91
Titelabbildungen: Shutterstock.com: Erlantz P.R (Welle), My Photo Buddy (Waldbrand),
lavizzara (Hurrikan), fboudrias (Vulkanausbruch), Iurii Vlasenko (Schild), Huntstyle (Tornado),
Triff (Blitz), adike (Erdkugel)
Layout und Umschlaggestaltung: Agentur Nemetz, Offingen

ISBN 978-3-8174-4356-7
381744356/2

Besuchen Sie uns auf Instagram und Facebook: circonverlag

www.circonverlag.de

NATURGEWALTEN UNSERER ERDE

Vulkane, Tornados & Co. für Kinder erklärt

Karolin Küntzel

INHALTSVERZEICHNIS

VORWORT

Die Erde ist ständig in Bewegung. Sie dreht sich um sich selbst und um die Sonne. In ihrem Inneren wirken gewaltige Kräfte. Diese spalteten vor Milliarden Jahren die Erdoberfläche in Platten, die sich seitdem auf den weiter innen liegenden, zähflüssigen Schichten bewegen. Stoßen sie zusammen oder reiben sie aneinander, kommt es zu Vulkanausbrüchen, Erdbeben und Tsunamis.

Auch das Wetter kann eine Naturgewalt sein. Es bringt Kälte oder Hitze, sintflutartige Regenfälle oder Dürren, Sturm und Feuer. Zum Glück warnt uns heute der Wetterbericht vor extremen Wetterlagen. Wir wissen ziemlich genau, wann Hochwasser droht oder ein mächtiger Sturm aufzieht. Oft ist dann noch genügend Zeit, sich zu schützen. Fenster können vernagelt, Fluttore geschlossen und lose Gegenstände im Freien gesichert werden. Früher war das nicht so und die Menschen waren all diesen Naturgewalten schutzlos ausgeliefert.

Doch auch heute geht nicht immer alles glimpflich aus. Erdbeben, Tsunamis, Vulkanausbrüche und Tornados lassen sich bisher nicht vorhersagen und können zu einer Gefahr für bewohnte Gebiete werden.

Mit dem Klimawandel werden extreme Wetterereignisse zunehmen. Wir werden lernen, damit umzugehen.

EINLEITUNG: DAS WETTER WIRD IMMER EXTREMER

WAS IST WETTER?

Hast du schon einmal einen Wetterbericht im Fernsehen gesehen? Dann ist dir bestimmt aufgefallen, dass es an unterschiedlichen Orten eines Landes oder der Erde zur selben Zeit ganz unterschiedliches Wetter geben kann. In Düsseldorf regnet es vielleicht gerade, während es in München schneit. An der Küste der USA tobt ein heftiger Sturm und in Australien ist es so heiß wie schon lange nicht mehr. Alles zur gleichen Zeit, nur eben an anderen Orten. Das ist Wetter. Wetter kannst du sehen und spüren: der Regen, der fällt, die Wolken, die am Himmel ziehen, der Wind, der dir die Haare zerzaust und die Wärme auf deiner Haut. Wetter beschreibt die Temperatur, den Niederschlag, die Bewölkung und die Bewegung der Luft.

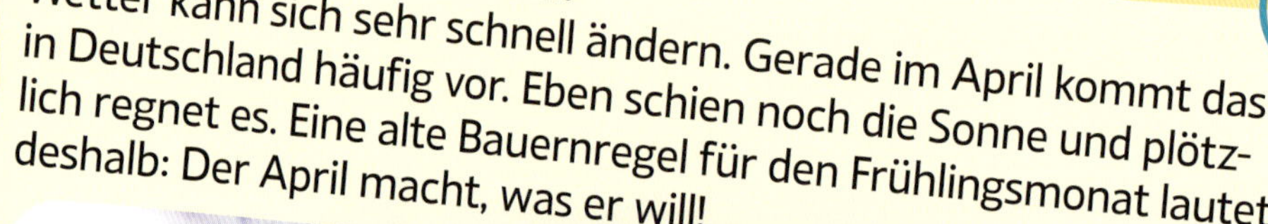

Der April macht, was er will!
Wetter kann sich sehr schnell ändern. Gerade im April kommt das in Deutschland häufig vor. Eben schien noch die Sonne und plötzlich regnet es. Eine alte Bauernregel für den Frühlingsmonat lautet deshalb: Der April macht, was er will!

WAS UNTERSCHEIDET WETTER UND KLIMA?

Der Begriff Wetter bezieht sich nur auf einen kurzen Zeitraum an einem Ort. Klima beschreibt dagegen, wie sich das Wetter über einen langen Zeitraum in einem bestimmten Gebiet entwickelt. Seit über 140 Jahren schreiben Menschen in Deutschland auf, wie das Wetter täglich ist.

Diese Informationen gibt es für sehr viele Orte. Anhand dieser Daten erkennen Wissenschaftlerinnen und Wissenschaftler, ob sich das Klima verändert. Wird es insgesamt wärmer, trockener oder nasser in einer Gegend?

Die Jahresringe eines Baumes sagen nicht nur etwas über das Alter aus, sondern zeigen auch, wie warm und feucht es in den letzten Jahren war.

Klimaforschung

Um das Klima einer Region zu beschreiben, wird ein Zeitraum von mindestens 30 Jahren betrachtet. Natürlich kann man noch viel weiter in die Vergangenheit schauen. Das tun Paläoklimatologen (siehe Kasten). Sie erforschen das Klima seit Beginn der Erdgeschichte und haben viele Daten aus den letzten 10 000 Jahren ausgewertet. Dabei stellten sie fest, dass das Klima in diesem langen Zeitraum recht stabil war. Die mittleren Jahrestemperaturen schwankten auf der Nordhalbkugel zwischen 14 und 16 Grad Celsius. In den letzten 100 Jahren ist die Temperatur angestiegen und es ist weltweit deutlich wärmer geworden. Diese Veränderung nennt man Klimawandel.

Hitze dörrt den Boden aus.

Paläoklimatologie
Das Wort Paläoklimatologie ist aus mehreren griechischen Wörtern zusammengesetzt und bedeutet so viel wie „die Kunde von der früheren Witterung“. Das Wort bezeichnet also die Wissenschaft über das Wetter, wie es früher war.

Eiszeiten und Warmzeiten

In der Geschichte der Erde hat es auch früher schon Klimaveränderungen gegeben. Auf eine Eiszeit folgte eine Warmzeit und dann kam wieder eine Eiszeit. Das wissen wir, weil Forschende aus vielen Fachgebieten zusammenarbeiten. Sie untersuchen den Boden und Versteinerungen, nehmen Proben aus uraltem Gletschereis und vom Grund der Tiefsee und untersuchen Pflanzenreste.

Ein Forscher untersucht das Innere eines Gletschers.

Das Bergwerk unter dem Gletscher

Auch das Schmelzen der Gletscher kann Klimaforschern neue Daten liefern. So fand man in Österreich alte Bergwerksschächte, die Jahrhunderte unter dem Eis verborgen waren. Als sie angelegt wurden, muss das Klima wesentlich wärmer gewesen sein, sonst wäre es nicht möglich gewesen, Stollen in den Berg zu treiben.

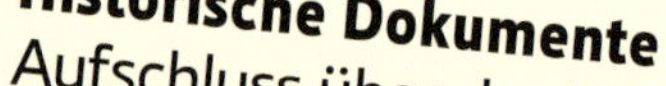

Historische Dokumente
Aufschluss über das Klima geben auch alte Aufzeichnungen über die Ernteerträge einer Region. Weiß man, was dort wuchs, kann man Rückschlüsse auf das damalige Klima ziehen.

WIESO ÄNDERT SICH DAS WETTER?

Wetter entsteht in der Atmosphäre, der Lufthülle der Erde. Sie besteht aus fünf Schichten und in der untersten, der Troposphäre, braut sich das Wetter zusammen. Sonne, Wind und Wasser sind dafür nötig. Die Sonne erwärmt die Erde und die Luft. Da warme Luft leichter ist als kalte, steigt sie auf und kühle Luft strömt nach. Diese Bewegung der Luft kennst du als Wind.

Die Schichten der Atmosphäre
Die Troposphäre reicht in Mitteleuropa vom Boden bis in eine Höhe von zwölf Kilometern. Daran schließen sich die Stratosphäre (bis 50 Kilometer) und die Mesosphäre (bis 80 Kilometer) an. Die Thermosphäre reicht bis 500 Kilometer hinauf und die Exosphäre bis ins Weltall.

Wasser in Bewegung

Die Sonne erwärmt auch das Wasser. Es verdunstet, steigt als Wasserdampf in der Luft auf und kühlt dort wieder ab. Aus dem Dampf werden dabei winzige Wassertropfen. Sie bilden Wolken, und wenn diese kein weiteres Wasser mehr aufnehmen können, regnen sie ab. Die Tropfen versickern im Boden oder fallen in Flüsse oder Meere. Von dort steigen sie wieder auf und der Kreislauf beginnt von vorn.

Der Kreislauf des Wassers

WIND UND WASSER ALS WETTERMACHER

Wind beeinflusst die Temperaturen auf der Erde. Kalte und warme Luft befinden sich in ständigem Austausch. Mehrere große Windströmungen ziehen um die Erde. Sie sorgen dafür, dass es rund um den Äquator nicht immer wärmer und an Nord- und Südpol nicht immer kälter wird.

Zu den wichtigsten Windsystemen zählen die Passat- und die Westwinde. Sie wehen immer in dieselbe Richtung. Der heiße Passatwind (siehe Seite 26) weht in den Tropen und Subtropen, die Westwinde treten in den gemäßigten Breiten, also bei uns, auf.

Die Klimazonen der Erde
Es gibt fünf Klimazonen auf der Erde. Die Polarzonen, die subpolaren Zonen, die gemäßigten Zonen, in denen wir leben, die Subtropen und die Tropen.

Übrigens: Die Erdachse ist nicht so gerade wie auf dem Bild. Sie ist um 23,5 Grad geneigt.

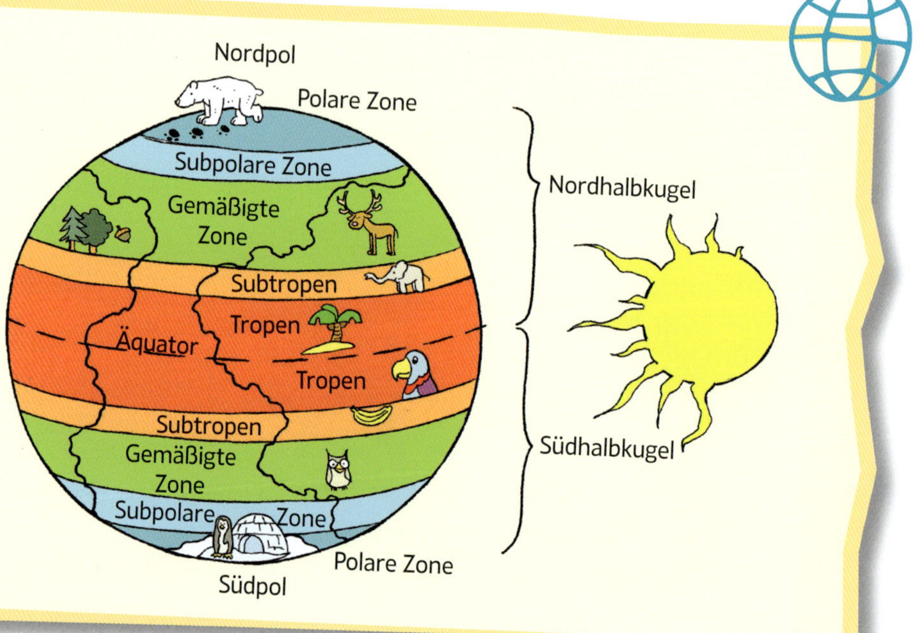

Wenn sich der Jetstream verändert

Der Jetstream ist ein starker Wind, der sich in einer Höhe von ungefähr 8 000 bis 10 000 Metern wie ein Band um die Erde bewegt. Er weht mit Geschwindigkeiten von bis zu 500 Kilometern pro Stunde. Das ist so schnell wie die schnellsten Züge der Welt. Insgesamt vier solcher Starkwindbänder (auf Englisch „Jetstream") sind bekannt. Die beiden bekanntesten Jetstreams wehen auf der Nordhalbkugel von West nach Ost. Einer davon ist der Polar-Jetstream. Ändert er seine Position und weht weiter nördlich als gewöhnlich, regnet es in den subpolaren und gemäßigten Breiten häufiger. In den Subtropen wird es dagegen trockener.

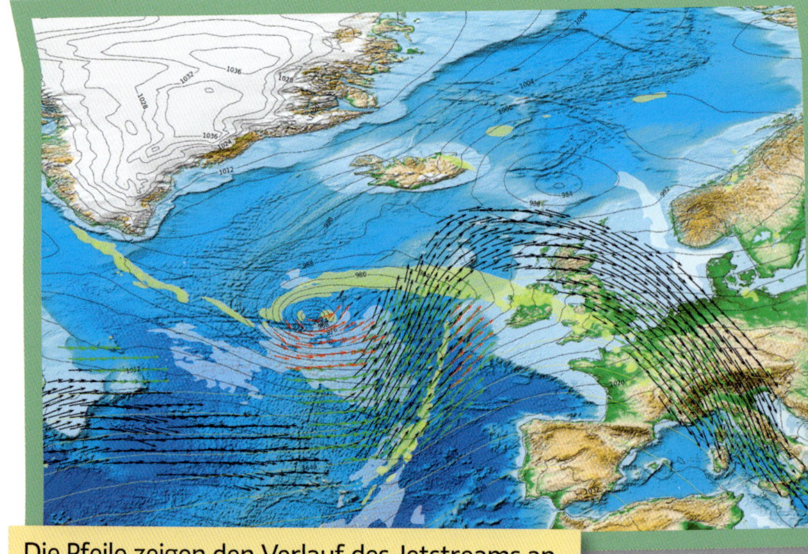

Die Pfeile zeigen den Verlauf des Jetstreams an.

Wasserströmungen rund um den Globus

In den Ozeanen findet ein ständiger Austausch zwischen warmem und kaltem Wasser statt. Meeresströmungen transportieren kaltes Wasser aus den Polargebieten in die tropischen Regionen und das warme Wasser von dort strömt zurück Richtung Pole. Der Wind trägt die warme oder kalte Luft über den Meeresströmungen dann Richtung Land und beeinflusst das Wetter und Klima dort.

Der Golfstrom

Auch unser Klima in Europa wird von einer Meeresströmung beeinflusst, dem Golfstrom. Er verläuft von der Ostküste Nordamerikas quer durch den Nordatlantik bis zu den Küsten Europas. Das warme Wasser, das die Strömung mit sich führt, kühlt auf der Reise nach Norden ab. Trotzdem ist es noch warm genug, um uns ein relativ mildes Klima zu bescheren. Würde der Golfstrom seine Richtung ändern und Europa nicht mehr erreichen oder nur noch in größerer Entfernung passieren, wären unsere Winter deutlich kälter.

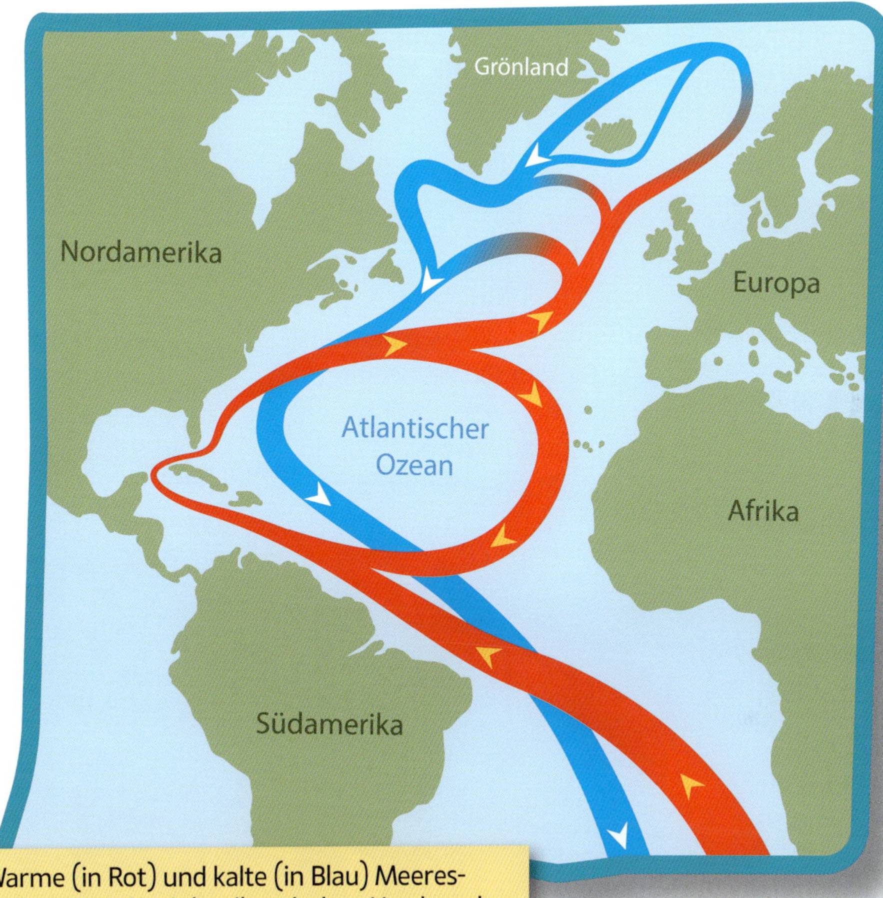

Warme (in Rot) und kalte (in Blau) Meeresströmungen im Atlantik zwischen Nord- und Südamerika, Afrika, Europa sowie Grönland

Palmen in Irland
Durch den Golfstrom gedeihen auch im Norden Europas Pflanzen, die sonst eher südlichere Gegenden bevorzugen. In England und Irland wachsen Palmen und in den Küstenregionen Norwegens Äpfel, Birnen, Kirschen und Pflaumen.

DAS KLIMA ÄNDERT SICH

Die Klimawandel früherer Zeiten wurden durch natürliche Ereignisse hervorgerufen. Das konnten zum Beispiel eine veränderte Sonneneinstrahlung oder heftige Vulkanausbrüche sein. Der aktuelle Klimawandel, der uns heutzutage beschäftigt, ist von Menschen gemacht. Seit dem 19. Jahrhundert gelangen immer mehr Treibhausgase in die Luft und führen dazu, dass es auf der Erde immer wärmer wird.

Der Treibhauseffekt

Die Lufthülle der Erde kannst du dir wie das Glasdach eines Gewächshauses vorstellen. Scheint die Sonne, wird es innen schön warm. Kann die warme Luft nicht entweichen, hältst du es darin aber bald nicht mehr aus. Das nennt man den Treibhauseffekt.

So wie im Treibhaus wird auch in der Atmosphäre Wärme gespeichert. Verantwortlich dafür sind die sogenannten Treibhausgase Methan, Kohlenstoffdioxid (CO_2) und Lachgas. Weil die Menschen in den letzten 100 Jahren immer mehr Treibhausgase verursacht haben, sind die Temperaturen weltweit gestiegen und haben das Klima verändert.

Ein Teil des Lichts strahlt Richtung Weltraum zurück

Sonnenstrahlen

Treibhausgase

Ein Teil des Lichts wird in Wärmestrahlen umgewandelt und von der Gasschicht zurückgehalten

Der Treibhauseffekt

Lachgas
Hinter dem umgangssprachlichen Namen Lachgas verbirgt sich das Gas Distickstoffmonoxid. Es wurde früher zur Betäubung von Patienten vor Operationen benutzt.

WAS VERURSACHT DEN KLIMAWANDEL?

Der Klimawandel entsteht nicht durch eine einzelne Ursache. Viele unserer Verhaltensweisen haben unmittelbar Einfluss auf ihn. Die rasante Zunahme schädlicher Klimagase in der Atmosphäre begann mit der Industrialisierung Mitte des 19. Jahrhunderts. Viele Fabriken entstanden und zahlreiche Maschinen wurden erfunden. Beides benötigte viel Energie und die kam zu dieser Zeit vor allem aus fossilen Brennstoffen.

Fossile Brennstoffe
Kohle, Erdgas und Erdöl bezeichnet man als fossile Brennstoffe. Sie entstanden vor Millionen von Jahren aus den Überresten von Pflanzen und Tieren. In ihnen ist viel Kohlenstoff enthalten, das bei der Verbrennung zu Kohlenstoffdioxid (CO_2) umgesetzt wird. In der Atmosphäre verstärkt CO_2 den Treibhauseffekt.

Rauchende Schlote

Überall schossen damals Fabriken aus dem Boden und der schwarze Qualm aus ihren Schloten verpestete die Luft. In den großen Fabrikhallen wurden zum Beispiel Glas und Stahl, Kleidung oder Maschinen hergestellt. Die Bevölkerung wuchs rasant, die Städte wurden immer größer und der Verkehr nahm zu. Alle diese Veränderungen führten zu einem großen Anstieg von Kohlenstoffdioxid (CO_2) in der Atmosphäre.

Viele Fabriken tragen zur starken Luftverschmutzung bei.

Viel zu viel Verkehr

Auch der Verkehr hat großen Anteil am Klimawandel. Schon bei der Produktion von Fahrzeugen wird CO_2 frei, und da die meisten Autos heute noch mit Benzin oder Diesel fahren, gelangt über deren Auspuff noch mehr CO_2 in die Luft. Auch Reisebusse, Flugzeuge und Schiffe stoßen jede Menge CO_2-haltige Abgase aus und heizen so die Atmosphäre weiter auf. Hinzu kommt, dass immer mehr Autos auf den Straßen unterwegs sind und auch der Lkw-Verkehr stark zugenommen hat. Verstopfte Straßen und schlechte Luft an den Hauptverkehrsstraßen in den Städten sind die Folge.

Stau auf einer deutschen Autobahn

Dickes Auto, wenig Platz

Seit Jahren werden die Autos auch immer größer, breiter und schwerer. Passten früher oft noch zwei Fahrzeuge hintereinander in die Parklücke am Straßenrand, reicht der Platz inzwischen oft nur noch für eines. Doch je schwerer ein Fahrzeug ist, desto höher ist in der Regel auch die Menge an CO_2, die durch das Fahren an die Umwelt abgegeben wird.

Elektrisch fahren
Fahrzeuge, die mit Strom betrieben werden, stoßen keine schädlichen Abgase aus. Sie sind umweltfreundlicher als herkömmlich angetriebene Fahrzeuge, wenn sie mit Strom aus erneuerbaren Energien (siehe Seite 77) geladen werden.

Was die Kuh mit dem Klima zu tun hat

Auch die Landwirtschaft hat Einfluss auf unser Klima. Kühe und andere Wiederkäuer wie Ziegen und Schafe stoßen klimaschädliches Methan (CH_4) aus. Bei Kühen sind das teilweise mehr als 300 Liter am Tag. Bei elf Millionen Rindern alleine in Deutschland kommt da einiges zusammen. Insgesamt verursacht die Viehwirtschaft in Deutschland mehr als 14 Prozent der ausgestoßenen Treibhausgase, weltweit sind es sogar 20 Prozent.

Wer also ganz oder wenigstens ab und zu auf Fleisch auf dem Teller verzichtet, leistet einen Beitrag zum Klimaschutz.

Kühe rülpsen und pupsen Methan aus.

Früher Moor, heute Acker

Landwirtschaft benötigt große Flächen. Nicht nur für die Viehhaltung, sondern auch zum Anbau von Futtermitteln, Getreide, Obst und Gemüse. Weil immer mehr Menschen auf der Erde leben, braucht man immer größere Felder, um alle mit Lebensmitteln zu versorgen. Dieses Land gewinnt man durch Abholzung von Wäldern und durch das Trockenlegen von Mooren. Dadurch werden große Mengen CO_2 frei, die in den Bäumen und im Moorboden gespeichert sind. Sie gelangen in die Atmosphäre und treiben den Klimawandel voran.

Gut gedüngt
Damit alles gut wächst, setzen die Landwirte Dünger und Pflanzenschutzmittel ein, die bei der Produktion ebenfalls CO_2 verursachen.

Konsum als Klimakiller

Überall auf der Welt werden in Fabriken Waren produziert. Elektronik, Autos, Kleidung, Haushaltswaren, Möbel und unzählige Dinge mehr. Für die Herstellung jedes einzelnen Teils wird Energie verbraucht, die meistens aus fossilen Brennstoffen gewonnen wird. Dabei gelangt CO_2 in die Atmosphäre.

Aber auch andere Ressourcen wie Wasser werden in großen Mengen für die Produktion benötigt. In der Bekleidungsindustrie kommen häufig Chemikalien zum Einsatz, die das Wasser verschmutzen. Es anschließend wieder aufzubereiten, setzt ebenfalls viel CO_2 frei.

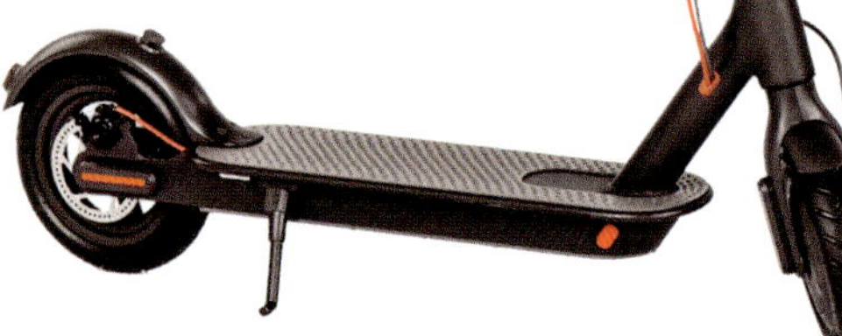

Einmal um die Welt

Sind die Waren produziert, werden sie durch die ganze Welt transportiert. Das führt zu weiteren Treibhausgasen. Ist der Empfänger dann mit dem Produkt nicht zufrieden, schickt er es den weiten Weg zurück zum Händler. Und damit landet noch mehr CO_2 in der Luft.

Brauche ich das wirklich?
Für das Klima wäre es gut, wenn wir weniger kaufen würden. Viele Dinge benutzen wir nur kurz und dann landen sie auf dem Müll. Auch das schadet der Umwelt. Überlege deshalb, ob du einen Gegenstand wirklich brauchst. Vielleicht hast du ja schon etwas Ähnliches.

LEBENSRÄUME IN GEFAHR

Ändert sich das Klima, verändern sich auch die Lebensbedingungen für die Menschen und Tiere dort. In Überflutungsgebieten kann man nicht mehr wohnen und in Regionen, in denen es seit Jahren nicht mehr geregnet hat, keine Landwirtschaft betreiben. Die Bewohner dieser Landstriche müssen sich eine neue Bleibe suchen und ziehen weg. Wegen des steigenden Meeresspiegels werden im Südpazifik Inseln unbewohnbar und die Insulaner müssen ihre Heimat verlassen.

Kiribati
Der kleine Südseestaat Kiribati wird durch den Klimawandel untergehen. Das Wasser ist schon so gestiegen, dass auf vielen Friedhöfen in Küstennähe nur noch die Grabkreuze aus dem Wasser schauen. Das Grundwasser ist salzhaltig und Getreide gedeiht auf den salzigen Böden nicht mehr.

Das große Artensterben

Wo die Menschen noch umsiedeln können, bleibt Pflanzen und Tieren meist nur das Verharren am lebensfeindlich gewordenen Ort. Es ist zu heiß, zu kalt, zu trocken oder zu nass für ihre Bedürfnisse. Viele Arten kämpfen deshalb ums Überleben. Ihr Lebensraum schrumpft und damit auch die Möglichkeit, ausreichend Nahrung zu finden.

Wissenschaftlichen Studien zufolge steht etwa eine Million Arten kurz vor dem Aussterben und etwa 25 Prozent aller Tier- und Pflanzenarten sind gefährdet.

Der Eisbär ist vom Aussterben bedroht, weil durch das Schmelzen des Eises sein Lebensraum kleiner wird.

NATURGEWALT LUFT: WENN DER WIND WEHT

WAS IST LUFT?

Vielleicht wunderst du dich darüber, dass Luft eine Naturgewalt sein soll. Denn schließlich ist sie ständig da und ohne sie könntest du nicht leben. Doch Luft hat auch Kraft, besonders dann, wenn sie in Bewegung gerät. Dann kann sie deine Schularbeitsblätter vom Tisch wehen, das Meer aufpeitschen und sogar riesige Bäume entwurzeln, je nach Windstärke.

Luft ist ein Gasgemisch. Sie besteht hauptsächlich aus den Gasen Stickstoff (circa 78 Prozent) und Sauerstoff (circa 21 Prozent). Daneben gibt es noch Argon, Helium, Kohlenstoffdioxid (CO_2), Methan, Wasserstoff und ein paar andere Gase in der Luft. Menschen und Tiere sind vor allem auf den Sauerstoff in der Luft angewiesen. Pflanzen benötigen CO_2.

O_2

Dünne Luft

Warst du schon einmal auf einem sehr hohen Berg? Dann ist dir das Atmen dort vielleicht etwas schwerer gefallen als sonst. Das liegt an der dünnen Luft. In der Höhenluft sind weniger Gasteilchen und damit auch Sauerstoffteilchen enthalten als in der Luft in der Nähe des Meeresspiegels. Pro Atemzug gelangt daher weniger Sauerstoff in deine Lunge. Deshalb kommt man schneller aus der Puste.

CO_2

WIE ENTSTEHT WIND?

Wind ist nichts anderes als bewegte Luft. Mal spürst du die Luftbewegungen kaum und ein anderes Mal musst du dich mit aller Kraft gegen den Wind stemmen, um vorwärtszukommen. Aber wo kommt der Wind her?

Drachen fliegen nur bei Wind.

Warm rauf, kalt runter

Wind entsteht durch Temperaturunterschiede. Erwärmt die Sonne die Erdoberfläche, steigt warme Luft auf, denn sie ist leichter als kalte Luft. Den Platz, den die aufsteigende Luft dabei frei macht, nimmt sofort kalte Luft ein. Sie strömt von den Seiten in die Lücke. Diese Bewegung spürt man als Wind. Auf ihrem Weg nach oben kühlt die Luft ab, wird schwerer und sinkt wieder zu Boden. So entsteht ein Luftkreislauf.

See- und Landwind
Am Meer weht der Wind tagsüber an sonnigen Tagen häufig vom Meer zum Land, weil sich die Erde schneller erwärmt als das Wasser. Die warme Luft steigt auf, kalte Luft vom Meer strömt nach. Abends kann sich das ändern und der Wind vom Land in Richtung Meer pusten. Das Meerwasser speichert die Sonnenwärme des Tages besser als die Landfläche. Daher steigt nun die warme Luft über der Meeresoberfläche auf.

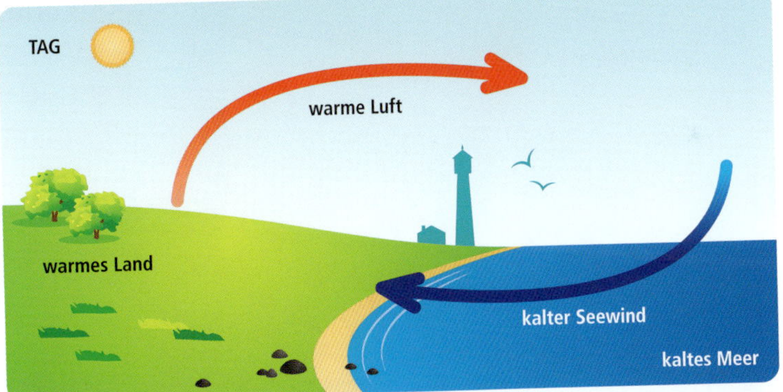

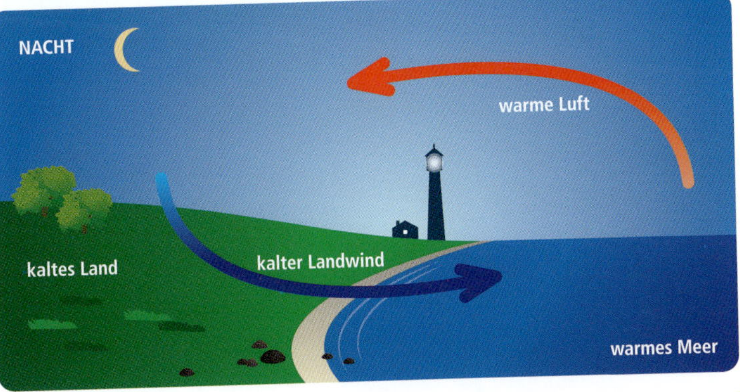

Hochdruck- und Tiefdruckgebiete

Luft übt Druck aus. Befinden sich viele Gasteilchen der Luft auf engem Raum, ist der Luftdruck hoch. Haben die Gasteilchen dagegen viel Platz, ist der Luftdruck niedrig. Steigt warme Luft auf, sinkt der Luftdruck in Bodennähe. Es entsteht ein Tiefdruckgebiet. Durch das Absinken der kühlen Luft steigt der Druck und es entsteht ein Hochdruckgebiet. Da Luft wie alle Gase immer bestrebt ist, den vorhandenen Raum auszufüllen, strömt sie von Gebieten mit hohem Luftdruck in Richtung der Tiefdruckgebiete.

Hoher Luftdruck sorgt oft für schönes Wetter, sinkt er, ändert sich das Wetter.

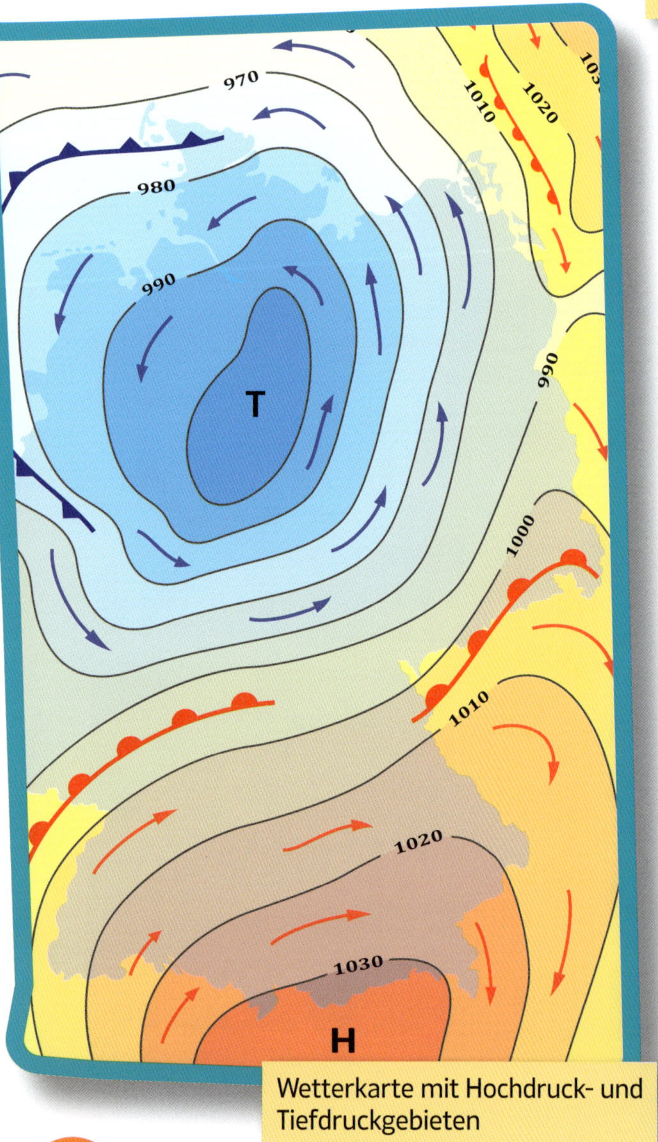

Wetterkarte mit Hochdruck- und Tiefdruckgebieten

Die Wetterkarte

Siehst du den Wetterbericht im Fernsehen, kannst du auf der Wetterkarte häufig die Buchstaben H und T entdecken. Sie stehen für Hochdruck- und Tiefdruckgebiete. Auf der Nordhalbkugel der Erde dreht sich ein Hochdruckgebiet immer im Uhrzeigersinn um seinen Kern herum, ein Tiefdruckgebiet entgegen dem Uhrzeiger. Das zeigen auch die Pfeile an, die sich um die Buchstaben herum befinden.

Ein Hoch mit meinem Namen

Früher hatten Tiefs immer weibliche und Hochs immer männliche Namen. Heute wechselt sich das jährlich ab. In ungeraden Jahren erhalten Hochdruckgebiete weibliche und Tiefdruckgebiete männliche Vornamen, in geraden Jahren ist es umgekehrt. Wer will, kann ein Hoch oder Tief nach sich benennen lassen.

WIE STARK IST DER WIND?

Den Wind kann man mit einem Windmesser, einem Anemometer, messen. Dieses Gerät erinnert ein bisschen an die Löffel, die in der Eisdiele zum Portionieren der Kugel verwendet werden. Sie sind an Stäben befestigt. Fährt der Wind in diese Halbschalen, setzt sich das Gebilde in Bewegung. Je schneller es sich dreht, desto höher ist die Windgeschwindigkeit. Sie lässt sich auf einer Anzeige ablesen.

Die Windstärke misst man mit einem Anemometer.

Dreierlei Maß

Die Windgeschwindigkeit wird in verschiedenen Einheiten angegeben. Üblich sind Meter pro Sekunde (m/s) oder Kilometer pro Stunde (km/h). In der See- und Luftfahrt misst man sie in Knoten (kn) pro Stunde. 1 Knoten ist 1 Seemeile (1,85 Kilometer). Außerdem kann man die Windgeschwindigkeit in Beaufort angeben. Die Beaufortskala (sprich: Bofor) umfasst 13 Stufen: von windstill (Stufe 0) bis Orkan (Stufe 12).

Sir Francis Beaufort (1774–1857)
Auch wenn die heute gebräuchliche Skala den Namen des englischen Admirals trägt, erfunden hat er sie nicht. Er überarbeitete und verbesserte eine bereits bestehende Skala und trug zur deren Verbreitung bei.

Welche Wirkung hat der Wind?

Beauforts Skala ist das Ergebnis genauer Beobachtungen. Was ist zu sehen, wenn der Wind weht? Bei Windstille (Stärke 0) steigt Rauch zum Beispiel senkrecht auf. Treibt er leicht ab, weht der Wind in Stärke 1. Blätter bewegen sich ab Stärke 2 und kleine Bäume ab Stärke 5, ab Stärke 8 brechen Zweige von den Bäumen und ab Stärke 10 können Bäume entwurzelt werden.

Starker Wind

Den Windsack lesen

Auf Flugplätzen und hohen Brücken zeigen Windsäcke an, aus welcher Richtung und in welcher Stärke der Wind weht. Die rot-weiß geringelten Säcke hängen bei Windstille schlaff herunter und bei Sturm stehen sie waagerecht im Wind. Die Windgeschwindigkeit lässt sich mit ihnen aber sogar noch etwas genauer messen – zumindest bis Windstärke 6. Jeder Luftsack hat drei rote und zwei weiße Ringe und jeder von ihnen steht für eine Windstärke. Knickt der Sack beispielsweise nach dem ersten weißen Ring ab, herrscht Windstärke 2. Flattert er ohne Knick im Wind, weht der Wind mindestens in Windstärke 6.

Fürchterliche Stürme
Die Beaufortskala wurde in der 1940er-Jahren um fünf beziehungsweise sechs weitere Stufen erweitert. Sie wird inzwischen nur noch in China und Taiwan für Super-Hurrikans und Taifune verwendet.

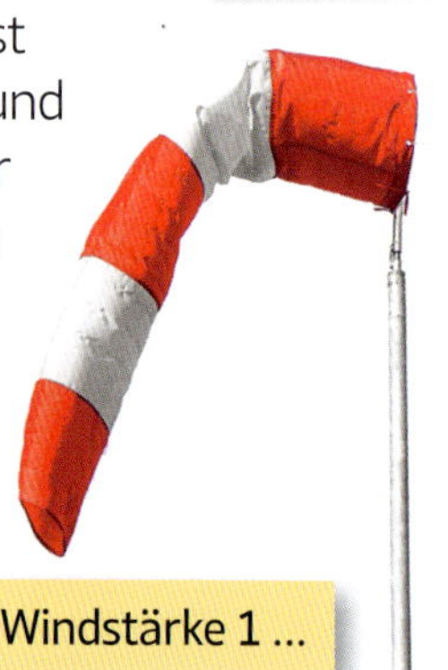

Windstärke 1 …

… und Windstärke 6 oder mehr!

DIE VIELEN NAMEN DES WINDES

Wind ist nicht gleich Wind. In einigen Regionen der Erde gibt es Windsysteme, die nur dort und auch nur bei bestimmten Bedingungen auftreten. Diese lokalen Winde haben Namen und so kommt es, dass es weltweit zahlreiche Bezeichnungen für Wind gibt.

Föhn kann bei großen und auch kleinen Menschen Kopfweh verursachen.

Föhn ist schön

Der Föhn ist ein warmer, trockener Fallwind, der auf der windabgewandten Seite hoher Berge im Alpenraum auftritt. Die Fernsicht ist dann sehr gut, weil der Staub in der Luft auf der anderen Seite der Berge hängen bleibt. Auch noch nördlich von München erscheinen die Berge dann ganz nah, dabei sind sie rund hundert Kilometer entfernt. Der Himmel ist wolkenlos und es wird wärmer. Deshalb finden viele Menschen den Föhn schön, einige klagen dann aber auch über Kopfschmerzen.

Meltemi

Der türkische Name Meltemi bedeutet Brise oder sanfter Wind. Er weht im Sommer in der Ägäis aus nördlicher, nordwestlicher oder nordöstlicher Richtung. Vom griechischen Festland bläst er Richtung Kreta. Er bringt schönes Wetter, eine klare Sicht und eine angenehme Kühle mit sich.

Windsurfer freuen sich über den Meltemi-Wind.

Wind- und Himmelsrichtung
Ist von einem Nordwind die Rede, kommt dieser Wind aus Norden. Südwind kommt dementsprechend aus südlicher Richtung.

Passat

Passatwinde sind sehr beständige und mäßig starke Winde. Sie wehen im Bereich der Tropen und Subtropen auf der Nordhalbkugel immer aus nordöstlicher Richtung. Auf der Südhalbkugel kommen sie stets aus dem Südosten. Das Wetter, das der Passat bringt, ist abhängig davon, welche Gebiete er überstreift. Weht er über großen Wasserflächen, nimmt er dort viel Feuchtigkeit auf und es regnet über den Küstengebieten ab. Weht der Passat über Landmassen, bleibt es trocken. In manchen Gebieten herrscht durch seinen Einfluss ein wüstenähnliches Klima. Die Wüsten Sahara und Kalahari liegen in seinem Einflussbereich.

Die Passatwinde haben Einfluss zum Beispiel auf die Sahara.

Die Kalmen

Nicht überall bläst der Wind kräftig. In den Kalmen, im Bereich des Äquators, ist es zum Beispiel fast windstill. Dieses Schwachwindgebiet war früher bei den Seefahrern gefürchtet, denn es konnte sein, dass ein Schiff dort wochenlang kaum vorankam.

Christoph Kolumbus und der Passat

Früher konnten die Seefahrer nur mit der Windrichtung segeln und nicht gegen sie. Deshalb planten sie ihre Routen anhand der vorherrschenden Windrichtungen. Christoph Kolumbus (um 1451–1506) soll der erste Seefahrer gewesen sein, der für seine Entdeckungsreisen über den Atlantik den Passat nutzte.

TROPISCHE WIRBELSTÜRME

Tropische Wirbelstürme entstehen im Bereich der Tropen und Subtropen über den Ozeanen. Sie bilden sich, wenn das Wasser mindestens 27 Grad Celsius warm ist. Die aufsteigenden Luftmassen werden durch die Corioliskraft gedreht. Diese Kraft wird durch die Drehung der Erde erzeugt. Sie lenkt die Luftmassen auf der Nordhalbkugel nach Osten und auf der Südhalbkugel nach Westen ab, so wie die Passatwinde. Tropische Wirbelstürme werden in unterschiedlichen Regionen verschieden bezeichnet.

Ein tropischer Wirbelsturm nähert sich einer Insel ... Nichts wie weg!

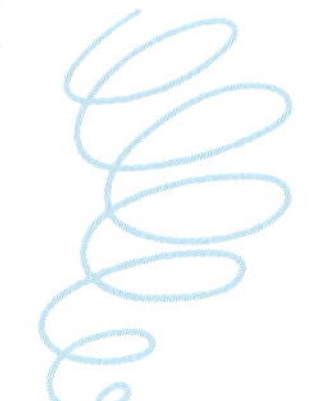

Hurrikan

Hurrikans bilden sich über dem Atlantik, dem Karibischen Meer, dem Golf von Mexiko und in Teilen des Pazifischen Ozeans. Sie treten im Atlantik vom Sommer bis zum Herbst auf, im Pazifik überwiegend im August und September. Wie bei den anderen tropischen Wirbelstürmen verdunstet das warme Meerwasser und steigt als feuchtwarme Luft schnell in die Höhe. So entsteht ein Tiefdruckgebiet, um das sich rasend schnell Winde drehen. Trifft ein Hurrikan auf Land, richtet er große Verwüstungen an und kostet häufig Menschenleben.

So sieht ein Hurrikan aus dem All aus.

Tempo, Tempo
Ein tropischer Wirbelsturm ist mindestens 119 Kilometer pro Stunde schnell, kann aber auch Windgeschwindigkeiten von über 300 Kilometer pro Stunde erreichen. So schnell könnte ein Porsche fahren!

Zyklon

Zyklone bilden sich über dem Indischen Ozean, dem Arabischen Meer, dem Golf von Bengalen und dem südwestlichen Pazifik. Dieser Wirbelsturm tritt am häufigsten vom Frühsommer bis in den Spätherbst auf. Sein Name geht auf das griechische Wort „kyklon" zurück. Das bedeutet rotierend.

Eine Satellitenaufnahme eines Taifuns über dem Pazifik

Taifun

Taifune treten im nordwestlichen Pazifik auf. Das ganze Jahr über kann sich solch ein Wirbelsturm dort bilden. Die meisten entstehen jedoch im August und September.

Willy-Willy

Im südöstlichen Indischen Ozean vor Nordaustralien und Indonesien wütet der Willy-Willy. Den eher lustigen Namen verdankt er europäischen Einwanderern, die den englischen Begriff „whirlwind" (Wirbelwind) zu Willy-Willy veränderten. Hochsaison ist von Anfang Januar bis Ende März, denn dann ist in Australien Sommer.

Wie stark ist der Wirbelsturm?
Für Wirbelstürme gibt es fünf Kategorien. In der ersten Kategorie erreicht der Sturm Geschwindigkeiten bis zu 154 Stundenkilometern. Ein Sturm der Kategorie 5 ist über 250 Kilometer pro Stunde schnell und richtet gewaltige Schäden an.

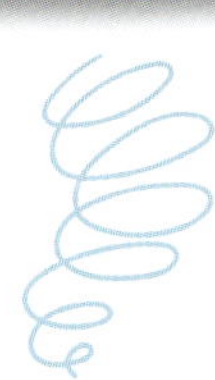

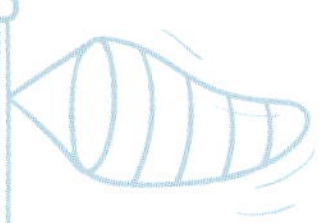

Im Auge des Sturms

Auf Satellitenbildern kann man Wirbelstürme aufgrund ihrer runden Form früh erkennen. Sie kreisen um ein Zentrum, das sogenannte „Auge“ des Sturms. Dort ist es annähernd windstill, während außenherum extreme Windgeschwindigkeiten gemessen werden. Wirbelstürme können gewaltige Ausmaße annehmen und Durchmesser von über 500 Kilometern erreichen.

Das Auge eines Hurrikans

Die Fenster vernageln

Manche Wirbelstürme bestehen nur einen Tag, andere wüten über eine Woche. Durch den Einsatz von Wetterflugzeugen, Satelliten und Radar lassen sich gute Vorhersagen über die Zugrichtung des Sturms und seine Geschwindigkeit treffen. So können sich die Menschen in den betroffenen Gegenden rechtzeitig in Sicherheit bringen. Sie vernageln Fenster und Türen, legen Notvorräte an oder bringen sich im Landesinneren in Sicherheit. Über Land schwächt sich der Sturm ab und löst sich schließlich auf.

Katrina
Im Jahr 2005 traf der Hurrikan Katrina, ein Kategorie-5-Sturm, auf den Südosten der USA. Die Deiche bei New Orleans brachen in der Sturmflut und überfluteten die Stadt. Bei diesem Sturm starben über 1800 Menschen.

ORKANE

Ein Orkan ist ein besonders starker Sturm. Auf der Beaufortskala entspricht er der Stärke 12 und erreicht damit eine Windgeschwindigkeit von mehr als 118 Kilometer pro Stunde. Er entsteht häufig über dem Meer und tritt in Europa vor allem vom Herbst bis zum Frühjahr auf. Im Sommer zeigt sich Wind in Orkanstärke eher in Böen bei heftigem Gewitter.

Weg war der Wald

Der Sturm Lothar wütete im Jahre 1999 in Deutschland und Kyrill schlug 2007 gewaltige Schneisen in das Land. Beide Stürme zählen zu den besonders schweren Orkanen in Deutschland. Mit hohen Windgeschwindigkeiten jagten sie durch Waldgebiete und knickten Millionen von Bäumen wie Streichhölzer um. Ganze Berghänge wurden kahl gefegt. Die Aufräumarbeiten dauerten Monate, die Wiederaufforstung Jahre.

Auch im Bayerischen Wald richtete der Sturm Lothar gewaltige Schäden an.

Den Wald umbauen

Die hohen Verluste der Waldbesitzer nach den Orkanen führten zu einem Umdenken. Auf freien Flächen werden heute nicht mehr nur Nadelbäume gepflanzt. Sie sind durch ihre immergrünen Kronen und ihre Höhe besonders anfällig für Winterstürme. Winterkahle Laubbäume mit einem kräftigen Stamm und tiefreichendem Wurzelwerk trotzen den starken Winden besser.

TORNADOS

Tornados entstehen aus einer Gewitterwolke. Im Inneren der Wolke steigt feuchtwarme Luft rasend schnell auf, während sich kalte Luft in Gegenrichtung bewegt. Durch diese gegenläufigen Bewegungen entsteht ein Luftwirbel, der sich Richtung Boden bewegt. Er dreht sich ungeheuer schnell und saugt alles in seiner Nähe wie ein Riesenstaubsauger ein. Autos, Gebäude, Züge, ganze Straßenabschnitte hebt er an, als wären sie gewichtslos, und schleudert sie davon.

Zwei Tornados auf einmal

Die Tornado-Gasse

In den USA sind Tornados keine Seltenheit. Zu den Staaten, in denen die gefährlichen Stürme besonders häufig auftreten, gehören Texas, Oklahoma, Kansas und Nebraska. Diese Staaten liegen genau in der Zugbahn, die die Gewitter nehmen, aus denen die Wirbelstürme entstehen. Man nennt diese Region deshalb Tornado-Gasse.

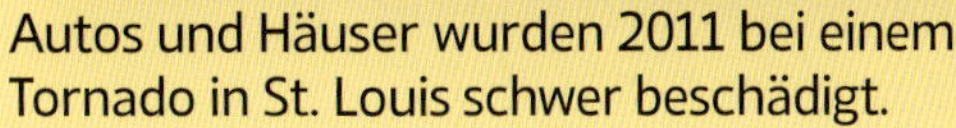

Autos und Häuser wurden 2011 bei einem Tornado in St. Louis schwer beschädigt.

Alles futsch!
Tornados haben einen Durchmesser von wenigen bis zu einigen Hundert Metern. Verwüstet wird alles, was in den Luftwirbel gerät. So kommt es vor, dass ein Farmhaus auf der linken Seite der Straße nahezu weggeblasen ist, während die Scheune auf der rechten Seite keinen Kratzer abbekommen hat.

Tornados vorhersagen

Tornados sind unberechenbar. Sie ändern innerhalb von Sekunden ihre Richtung und lassen sich kaum vorhersagen, und wenn, dann ist die Vorwarnzeit sehr kurz. Mehr als 15 Minuten bleiben selten, um sich in Sicherheit zu bringen. In den häufig betroffenen Gebieten in den USA haben viele Menschen Schutzkeller, in die sie flüchten, wenn sich ein Tornado nähert.

In Ohio, USA, üben Kinder, wie man sich während eines Tornados verhält.

Tornados messen

In der Regel ist es nicht möglich, die Stärke eines Tornados zu messen. Mobile Messgeräte im Inneren des Tornados zu platzieren ist nahezu unmöglich und fest installierte Messstationen müssten direkt von einem getroffen werden, um Daten zu liefern. Deshalb teilt man Tornados anhand der Schäden, die sie verursachen, in Kategorien ein.

Die Fujitaskala
Tornados teilt man anhand der Fujitaskala in Kategorien ein. Sie reichen von Stufe 0 (F0) bis 12 (F12). Ein Tornado der Kategorie 2 zerstört Wohnmobile und deckt ganze Dächer ab. Ein F5-Tornado saugt asphaltierte Straßen vom Boden und reißt Holzhäuser aus ihren Fundamenten. Die Windgeschwindigkeiten können bis zu 512 Kilometer pro Stunde betragen. Tornados der Kategorien 6–12 wurden bisher noch nicht beobachtet.

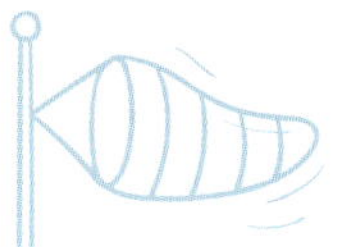

SAND- UND STAUBSTÜRME

Fegt der Wind über weite sandige Flächen, kann ein Sand- oder ein Staubsturm entstehen. Diese heißen Winde treten vor allem in Wüstengebieten wie der Sahara auf. Während ein Sandsturm niedrig über den Boden fegt, wirbelt ein Staubsturm die feinen Partikel in große Höhen auf und transportiert sie über weite Strecken. An windgeschützten Stellen bilden sich Sandverwehungen oder sogar höhere Dünen.

Ein heftiger Sandsturm nähert sich!

Wüstensand in Deutschland
Manchmal reist der Staub von der Sahara mit dem Wind bis zu uns nach Deutschland. Dann findest du auf Autos, die im Freien standen, einen feinen rötlichen Staub und der Himmel färbt sich orange.

Habub

Habub ist der Name eines Sand- und Staubsturms in der Sahara. Er bläst in der Zeit von Mai bis September und wirbelt Staub fast einen Kilometer in die Höhe, sodass sich der Himmel verdunkelt. Bricht so ein Sturm los, sollte man sich nicht im Freien aufhalten. Das Atmen ist kaum möglich, die Orientierung fällt sehr schwer und der Sand kriecht in jede Ritze. Er trocknet die Schleimhäute aus und kratzt in den Augen.

SCHNEESTÜRME

Im Winter kann es auch zu Schneestürmen kommen. Große Mengen Schnee wirbeln dann in der Luft herum, schränken die Sicht ein und behindern den Verkehr. Besonders gefürchtet sind Schneestürme in den USA. Dort nennt man sie Blizzard. Sie bringen große Mengen Schnee in kurzer Zeit und führen nicht nur zu Verkehrsbehinderungen, sondern fordern auch immer wieder Todesopfer.

Ein Blizzard kommt!

Von einem Blizzard wird gesprochen, wenn der Wind im Durchschnitt mit Windstärke 7 bläst und so viel Schnee aufwirbelt, dass die Sicht weniger als 400 Meter beträgt. Ein weiteres Kriterium ist eine Dauer von mindestens drei Stunden. Ist ein Blizzard im Anmarsch, werden die Menschen in dem betroffenen Gebiet gewarnt. Sie werden aufgefordert, zu Hause zu bleiben, weil die Straßen über Land aufgrund der Verwehungen schnell unpassierbar werden. Wer zu Fuß unterwegs ist, kühlt durch den starken Wind schnell aus.

Erkennst du das Auto noch, das unter den Schneemassen begraben ist?

Überlandleitungen
In den ländlichen Regionen der USA verlaufen die meisten Stromleitungen oberirdisch. Sie sind dadurch besonders anfällig. Die Strommasten können durch einen Sturm oder durch die Last des Schnees umknicken, herumfliegende Äste können die Leitungen zerstören. Dann fällt der Strom für einige Zeit aus.

GEWITTER

Im Sommer bilden sich häufig Wärmegewitter. Sie entstehen, wenn feuchtwarme Luft vom Boden sehr schnell in die Höhe steigt. In den höheren Luftschichten kondensiert der darin enthaltene Wasserdampf und es bildet sich eine Wolke. Gewitterwolken können sich viele Kilometer hoch auftürmen. In ihrem Inneren gibt es ein stetiges Auf und Ab von warmer und kalter Luft. Die Regentropfen aus dem unteren Teil der Wolke wirbeln mit den Eiskristallen aus dem oberen Teil wild durcheinander und reiben sich aneinander.

Drohende Gewitterwolke am Himmel

Zu viel Spannung!

Durch die Reibung entsteht enorme elektrische Spannung in der Wolke. Oben ist es positiv, unten negativ. Irgendwann werden die Spannungsunterschiede zu groß und die elektrische Spannung entlädt sich in einem Blitz.

Blitze schießen aus einer Gewitterwolke!

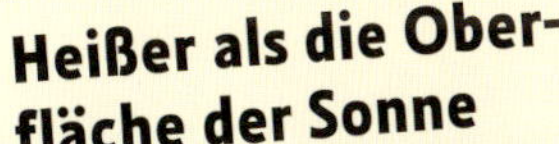

Heißer als die Oberfläche der Sonne
Ein Blitz kann bis zu 30 000 Grad Celsius heiß sein. So heiß ist nicht einmal die Oberfläche der Sonne. Durch die Hitze dehnt sich die Luft blitzschnell aus. Die dabei entstehende Druckwelle hörst du als Donner.

NATURGEWALT FEUER: DIE ERDE BRENNT

DAS FEUER BEHERRSCHEN

Feuer war für die ersten Menschen Fluch und Segen zugleich. Es war gefährlich und unkontrollierbar. Schlug ein Blitz in einen Baum ein oder brach ein Vulkan aus, brannte es. Die Menschen konnten das Feuer aber auch nutzen, um sich daran zu wärmen, Nahrung zuzubereiten und um wilde Tiere fernzuhalten. Die Glut hüteten sie wie einen Schatz, um mithilfe von Zunder ein neues Feuer daraus zu entfachen. Erst vor etwa 32 000 Jahren entdeckten sie, wie sie selbst ein Feuer entzünden konnten.

In der Steinzeit lernten Menschen, das Feuer zu beherrschen.

Voraussetzungen für ein Feuer

Ein Feuer entsteht, wenn drei Bedingungen erfüllt sind. Sauerstoff, große Hitze und brennbares Material sind nötig, damit es brennen kann. Fehlt eine dieser Voraussetzungen, brennt es erst gar nicht oder geht schnell wieder aus.

Das Verbrennungsdreieck

Göttliche Feuerbringer
Die Bedeutung des Feuers für die Menschen spiegelt sich in ihren Sagen und Mythen wider. So glaubten die alten Griechen, dass Prometheus den Göttern das Feuer stahl und es den Menschen brachte. Die alten Ägypter verehrten den Sonnengott Re, die Bewohner Hawaiis die Feuer- und Vulkangöttin Pele.

WIE ENTSTEHEN BRÄNDE?

In der Natur entstehen Feuer durch Blitzeinschlag oder durch Selbstentzündung bei lang anhaltender Hitze. In Regionen mit aktiven Vulkanen verursacht die heiße Lava Brände. Viele Feuer entstehen aber auch durch Unachtsamkeit von Menschen. So kann eine weggeworfene Glasscherbe wie ein Brennglas wirken und die Umgebung in Brand setzen. Gleiches gilt für Autos mit Verbrennungsmotoren und Katalysator. Werden sie im Sommer auf Wiesen oder Waldwegen abgestellt, kann die heiße Abgasanlage unter dem Auto das trockene Gras oder den Waldboden entzünden.

Glühend heiße Brocken

Spuckt ein Vulkan Lava, kann das flüssige Gestein bis zu 1200 Grad Celsius heiß sein. Trifft der Lavastrom auf ein Haus, ein Auto oder andere brennbare Gegenstände, gehen sie sofort in Flammen auf. Auch Lavabomben, das sind Gesteinsbrocken, die aus dem Vulkanschlot geschleudert werden, können Brände verursachen.

Ein Vulkan bricht aus.

Heißer Strom
Die bisher heißesten Lavaströme wurden mit rund 1200 Grad Celsius auf Hawaii gemessen. Wesentlich niedrigere Temperaturen wiesen Messungen eines Lavastroms in Ostafrika auf. 500 bis 550 Grad Celsius zeigten die Messgeräte dort an.

Blitzschlag

Schlägt ein Blitz in den Boden oder eine Wasserfläche ein, bleibt das meist folgenlos. Durchfließt er aber Gegenstände, die schlecht Strom leiten, können sich diese so stark erhitzen, dass sie sich selbst entzünden. Reetdächer, Strohlager und Heuschober geraten besonders leicht in Brand. Blitzableiter können Gebäude wirksam vor Blitzschlag schützen. Sie leiten den Strom direkt in den Boden ab und das Haus bleibt unbeschädigt.

Hausdach mit einem Blitzableiter

Knochentrocken

Wenn es lange nicht regnet und der Boden völlig ausgedörrt ist, entzünden sich abgestorbene Pflanzenteile manchmal von alleine. Besonders ölhaltige Bäume wie Oliven und Eukalyptus geben dem Feuer reichlich Nahrung. Auch trockene, harzige Baumnadeln brennen hervorragend.

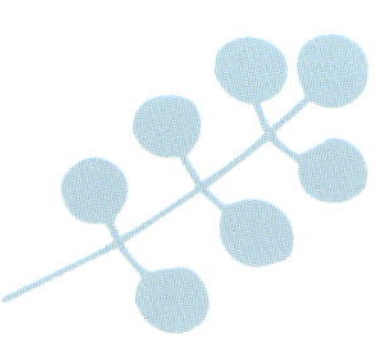

Wie lang ist ein Blitz?
Das kann man tatsächlich messen. Im Durchschnitt erreichen Blitze eine Länge von fünf bis zehn Kilometern. Der längste Blitz, der jemals gemessen wurde, hatte eine Länge von 140 Kilometern. Ein NASA-Satellit hatte den Blitz, der von einer Wolke zur nächsten reichte, beobachtet.

Brandrodung

Sehr viele Brände werden absichtlich gelegt, um aus Wald Acker- oder Weideflächen zu machen. Brandrodung nennt man das. Dies wird unter anderem in Indonesien und in Brasilien gemacht. Der Urwald wird abgebrannt und auf der dann freien Fläche entstehen Plantagen für Soja und Palmöl oder riesige Viehweiden. Für das Klima ist das eine Katastrophe, denn dabei werden große Mengen CO_2 frei und gelangen in die Atmosphäre. Die Schatten spendenden Bäume fehlen und der Boden trocknet schnell aus. Die dünne Humusschicht weht früher oder später mit dem Wind davon, der Boden wird unfruchtbar und verwandelt sich in eine Wüste.

Brandrodung im brasilianischen Amazonasgebiet

Voll verboten!

In vielen Ländern sind Brandrodungen inzwischen verboten. Das hält aber nicht jeden davon ab, absichtlich Feuer zu legen. Und wenn der Wald erst weg ist, lässt sich der Schaden nicht wieder gutmachen.

Orang-Utans ohne Wald
Mit dem Abbrennen großer Waldgebiete verschwindet auch der Lebensraum vieler Wildtiere wie der Orang-Utans. Sie haben immer weniger Platz zur Verfügung, pflanzen sich nicht mehr fort und sterben aus.

BUSCHBRÄNDE

In Australien kommt es jedes Jahr zu Buschbränden. Die Menschen dort leben mit der Gefahr und wissen, wie sie sich im Fall eines Feuers zu verhalten haben. In der Feuersaison 2019/2020 waren die Brände jedoch so zahlreich und verheerend wie nie zuvor. Sechs Monate wüteten die Feuer und kosteten 34 Menschen das Leben. Die Flammen vernichteten in dieser Zeit eine Waldfläche so groß wie ein Drittel Deutschlands.

Ein australischer Feuerwehrmann versucht einen Buschbrand zu löschen.

Explodierender Eukalyptus

Schon in den Jahren zuvor war es ungewöhnlich heiß und trocken und die Sommer in den Jahren 2019/2020 brachten ebenfalls ungewöhnlich hohe Temperaturen. 40 Grad Celsius an den Küsten und fast 50 Grad Celsius im Outback ergaben zusammen mit der lang anhaltenden Trockenheit eine explosive Mischung. Eukalyptus zum Beispiel enthält ätherische Öle und Wachse, die sich schneller als Holz selbst entzünden. Bei großer Hitze können diese Pflanzen regelrecht explodieren. Der Wind weht die hochgeschleuderten brennenden Teile fort, und dort, wo sie niederfallen, entfachen sie einen neuen Brand.

Koalas retten

Bei den Bränden kamen Schätzungen zufolge eine Milliarde Tiere ums Leben, darunter etwa 33 000 Koalas. Sie konnten sich vor den rasenden Flammen nicht in Sicherheit bringen. Die wenigen Tiere, die gerettet wurden, hatten häufig verbrannte Pfoten, weil sie sich an glühenden Bäumen festhielten. In Auffangstationen wurden sie versorgt und nach einem Aufruf im Internet strickten Menschen in vielen Ländern der Welt Handschuhe für die verletzten Tiere.

In den Feuern sterben auch Koalas, da sie auf den Eukalyptusbäumen hocken.

Rauch, überall Rauch

Über den Brandgebieten hing Wochen, manchmal sogar Monate lang dichter Rauch. Er verursachte Atemprobleme bei der Bevölkerung, hatte aber auch Auswirkungen auf die ganze Welt. Denn durch die Brände wurden große Mengen CO_2 freigesetzt, die den Klimawandel weiter antreiben.

Die Brände der Aborigines
Die Aborigines, so nennt man die indigenen Völker Australiens, legten früher gezielt Feuer, um Gras und Rinde zu verbrennen. Das taten sie nach einem Regen, damit Büsche und Bäume nicht mit verbrannten. Die Flammen hielten sie mit Schneisen, das sind breite Lichtungen, in Schach. Die absichtlich gelegten Feuer beugten schweren Buschbränden vor, da hinterher kein trockenes Unterholz mehr vorhanden war, das Feuer fangen konnte.

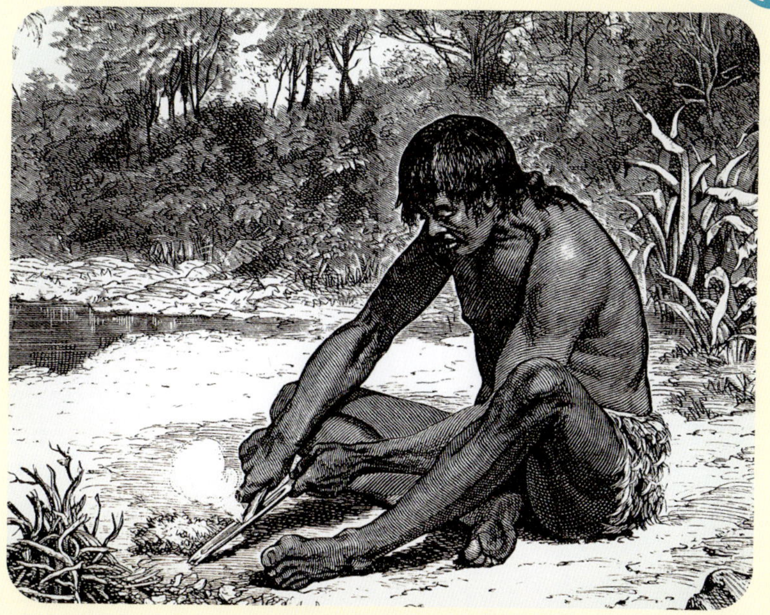

WALDBRÄNDE

Weltweit nehmen die Waldbrände zu. Es brennt häufiger, länger und in immer mehr Regionen. In Europa kommen die Brände in Spanien, Griechenland und Portugal besonders häufig vor. In den USA ist Kalifornien inzwischen regelmäßig betroffen und in den gigantischen Waldgebieten Russlands, Sibiriens, Kanadas und Alaskas wüten in den Sommermonaten ebenfalls schwere Feuer. Sie unter Kontrolle zu bringen, ist nicht immer möglich. Deshalb überlässt man die Feuer weitestgehend sich selbst, wenn keine Bewohner gefährdet sind. Finden die Feuer keine Nahrung mehr, gehen sie aus.

In Spanien kommt es immer wieder zu schweren Waldbränden.

Feuer!

Werden Brände schnell entdeckt, können sie vielleicht gelöscht werden. Deshalb werden in Zeiten erhöhter Waldbrandgefahr die Wälder überwacht. Das kann von einem sogenannten Feuerturm aus geschehen, von dem man eine gute Sicht auf das Waldgebiet hat. Inzwischen übernehmen hoch entwickelte Computer mit Kameras die Arbeit der menschlichen Wächter. Größere Flächen werden häufig mit Erkundungsflügen beobachtet. Sehr große Feuer sind auch auf Satellitenbildern zu erkennen.

Gesperrte Wälder
Ist die Waldbrandgefahr sehr hoch, dürfen die Wälder bei uns nicht mehr betreten werden. Dann herrscht die Waldbrandwarnstufe 5, das ist die höchste Stufe.

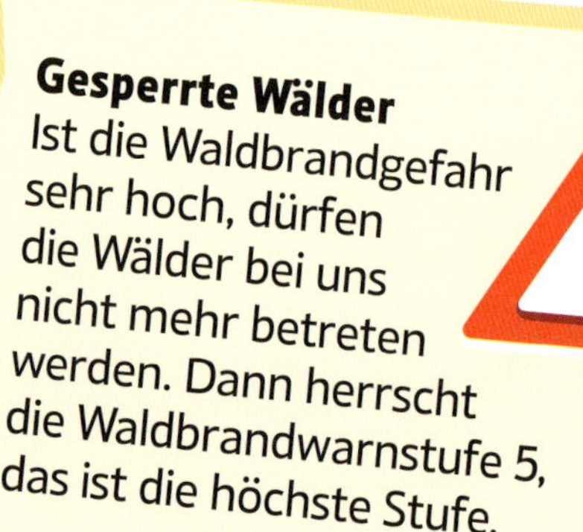

Brände überall

Die Brände einzudämmen ist oft schwierig. Der Wind facht sie immer wieder an und nach langen Hitzeperioden sind kleine Flussläufe und Feuchtgebiete ausgetrocknet. Sie können den Brand dann nicht aufhalten. Die Brände werden mit Löschflugzeugen, Helikoptern und Löschwagen bekämpft. Eine andere Methode ist, eine breite Schneise zu schlagen, in der das Feuer keine Nahrung findet und schließlich von alleine ausgeht.

Ein Löschhubschrauber transportiert Wasser zu einem Brandherd.

Feuerspringer

In Kanada, den USA und Sibirien kommen Feuerspringer zum Einsatz. Sie springen mit einem Fallschirm in der Nähe des Brandes ab und bekämpfen das Feuer anschließend mit einfachsten Mitteln. Sie nutzen Sägen und Äxte oder graben mit einem Spaten eine Schneise. Für den Fall, dass sie vom Feuer eingeschlossen werden, haben sie ein feuerfestes Zelt dabei, in dem sie die Flammen überleben können.

Das Jahr der Brände
Im Jahr 2022 brannte es in Europa so häufig wie nie zuvor. 750 000 Hektar Wald standen in Flammen, das entspricht der dreifachen Fläche von Luxemburg.

NATURGEWALT WASSER: LAND UNTER

WARUM REGNET ES?

Heftiger Regen

Wenn sich dunkle Wolken am Himmel zusammenbrauen, dann weißt du, dass es bald regnen wird. Manchmal fallen dann einzelne große Tropfen vom Himmel, ein anderes Mal strömt der Regen regelrecht auf dich herab oder es nieselt nur, und der Regen legt sich wie ein feiner Schleier auf deine Kleidung. In jedem Fall ist das, was da vom Himmel fällt, nass oder, anders gesagt, es hat eine flüssige Form.

Fest, flüssig, gasförmig

Wasser ist etwas Besonderes. Es kann verschiedene Zustände annehmen. Im Winter, wenn es friert, ist es fest. Fällt es als Regen oder fließt es im Fluss, ist es flüssig. Erhitzt man Wasser auf über 100 Grad Celsius, verdampft es und wird gasförmig. Im Sommer, wenn es warm ist, kann es auch verdunsten. Das kennst du vielleicht von Pfützen. Nach einer Weile sind sie verschwunden. Auch hier hat das Wasser seinen Zustand von flüssig zu gasförmig geändert.

Die Aggregatzustände des Wassers
Stoffe können fest, flüssig oder gasförmig sein. Man nennt dies Aggregatzustand. Wasser ist der einzige Stoff, bei dem du die drei Formen so gut im Alltag beobachten kannst.

Vom Fluss in die Wolke und zurück

Erwärmt die Sonne den Boden, die Luft oder ein Gewässer, steigt die warme Luft zusammen mit unzähligen winzigen Wasserteilchen nach oben. Diese Wasserteilchen nennt man Moleküle. Sehen kannst du sie nicht. Das Wasser verdunstet und ist nun gasförmig. Auf ihrem Weg nach oben kühlt die Luft ab und der Wasserdampf kondensiert. Das heißt, er wird wieder flüssig. Aus vielen kleinen Tröpfchen bildet sich dann eine Wolke. Kann sie kein weiteres Wasser mehr aufnehmen, regnet es. Das Wasser fällt zu Boden und versickert dort oder wird Teil eines Gewässers. Dann beginnt der Kreislauf des Wassers wieder von vorn.

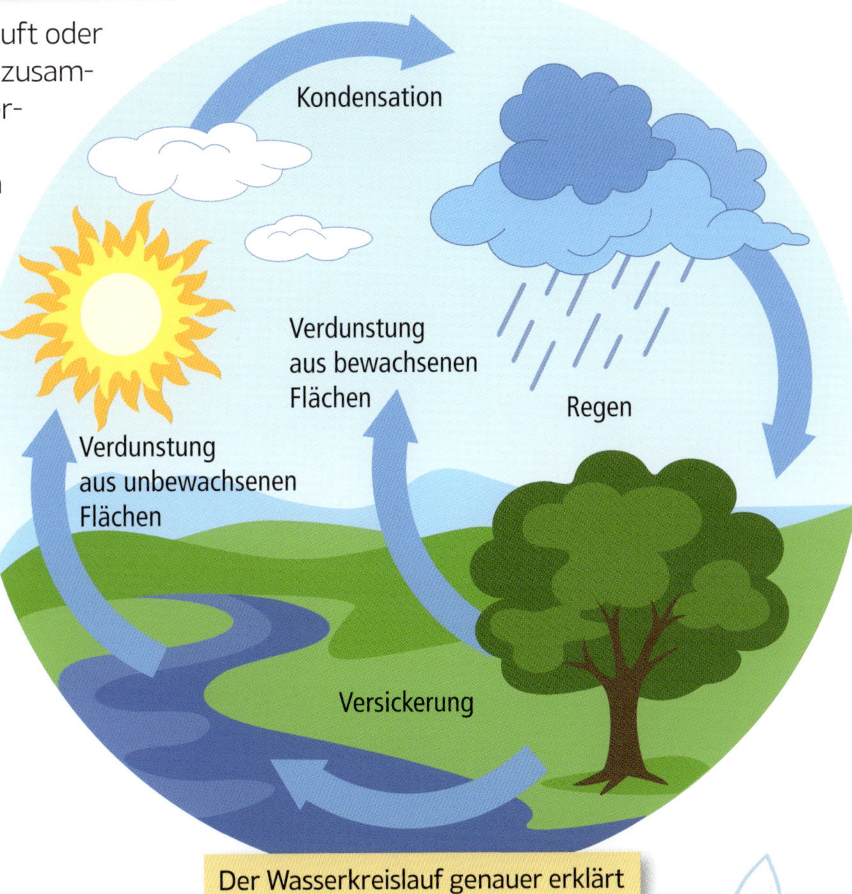

Der Wasserkreislauf genauer erklärt

Schon wieder Regen

Wie häufig es in einer Region regnet, hängt unter anderem von der Temperatur, dem Wind und der Geografie ab. Bleiben die Wolken zum Beispiel an einer Bergkette hängen und regnen dort ab, bleibt es auf der anderen Seite der Gipfel trocken. In den Gebieten um den Äquator regnet es täglich, in den Wüsten fast nie.

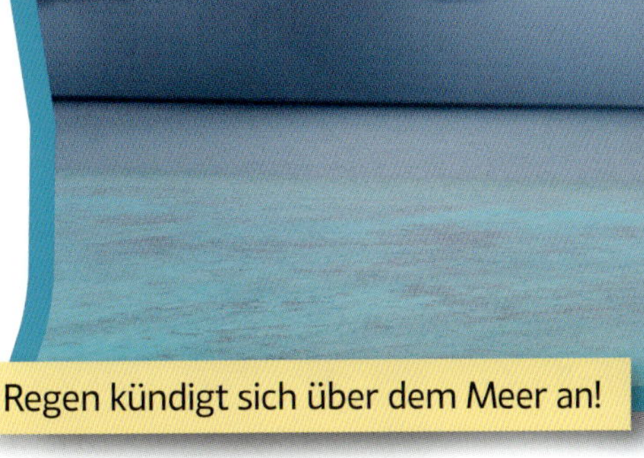

Regen kündigt sich über dem Meer an!

Nicht mehr, nicht weniger
Wasser geht im Wasserkreislauf nicht verloren. Die Menge bleibt auf der Erde gleich. Es nimmt nur einen anderen Zustand an. Mal ist es fest in Form von Schnee, dann ist es wieder gasförmig wie Dampf.

ÜBERSCHWEMMUNG

Wenn das Wasser steigt und Flüsse über ihre Ufer treten oder Dämme und Deiche brechen, spricht man von Überschwemmung. Gebiete, in denen der Boden sonst trocken ist, stehen plötzlich unter Wasser, Straßen werden unpassierbar und Häuser von den Wassermassen zerstört. Der Bach, an dem die Kinder sonst spielen, wird zur reißenden Gefahr.

Ein Fluss, der über das Ufer getreten ist

Zu viel Regen

Überschwemmungen treten meist als Folge von starken Regenfällen auf. In dicht bebauten Gebieten kann der Boden nicht unbegrenzt Wasser aufnehmen. Auch Flüsse und Kanäle haben oft nicht genug Platz für diese Wassermassen. Sie treten über die Ufer und fluten tiefer gelegene Gebiete.

Land unter

Im Sommer 2021 starben 180 Menschen durch ein Hochwasser in den Bundesländern Rheinland-Pfalz und Nordrhein-Westfalen. Starkregenfälle hatten die Pegel der Flüsse Ahr und Erft meterhoch ansteigen lassen. Die Flüsse traten über die Ufer und die Wassermassen ergossen sich in die Dörfer, rissen Straßen mit sich und fluteten eine Kiesgrube. Viele Häuser stürzten ein.

Nach dem Schnee die Flut

Im Frühjahr, zur Zeit der Schneeschmelze in den Bergen, kann es ebenfalls zu Überschwemmungen kommen. Schmelzen große Schneemengen auf einmal, können die ableitenden Flüsse das Schmelzwasser nicht immer vollständig aufnehmen. Diese Überflutungen kündigen sich aber meist rechtzeitig an und die Flüsse steigen nicht sehr schnell. So kann die Bevölkerung rechtzeitig gewarnt werden.

Überflutete Straße

Die Schotten dicht

Städte, die dicht an Flüssen liegen und regelmäßig von Hochwasser betroffen sind, treffen Vorkehrungen gegen die Flut. Deiche werden entlang der Flüsse errichtet und Hochwassertore können bei Gefahr geschlossen werden, sodass das Wasser nicht in die Stadt läuft. Nicht immer reichen diese Schutzmaßnahmen aus und das Wasser kommt unaufhaltsam näher. Dann schützen die Menschen ihre Häuser mit Sandsäcken und retten sich in die höher gelegenen Stockwerke.

Sandsäcke sollen das Wasser aufhalten.

Neubeginn
Manchmal bauen die Menschen ihre Häuser nach einer Überschwemmung wieder dort auf, wo sie vorher standen. Und das, obwohl sie wissen, dass die nächste Flut sie wieder zerstören kann.

TSUNAMI

Das japanische Wort „Tsunami" bedeutet „Hafenwelle". Dieser Name hört sich recht harmlos an, obwohl die Welle meist eine verheerende Wirkung hat. Auf Deutsch hieß sie früher „Erdbebenwoge". Ein Tsunami entsteht meist durch ein Erdbeben am Grund des Ozeans. Die Erschütterung bringt die ganze Wassersäule über dem Erdbebenzentrum in Bewegung. Die Wassermassen breiten sich kreisförmig und sehr schnell über das Meer aus. Nimmt die Wassertiefe ab, türmen sich die Wellen immer höher auf. Treffen sie dann auf Land, richten sie unvorstellbare Verwüstungen an der Küste an.

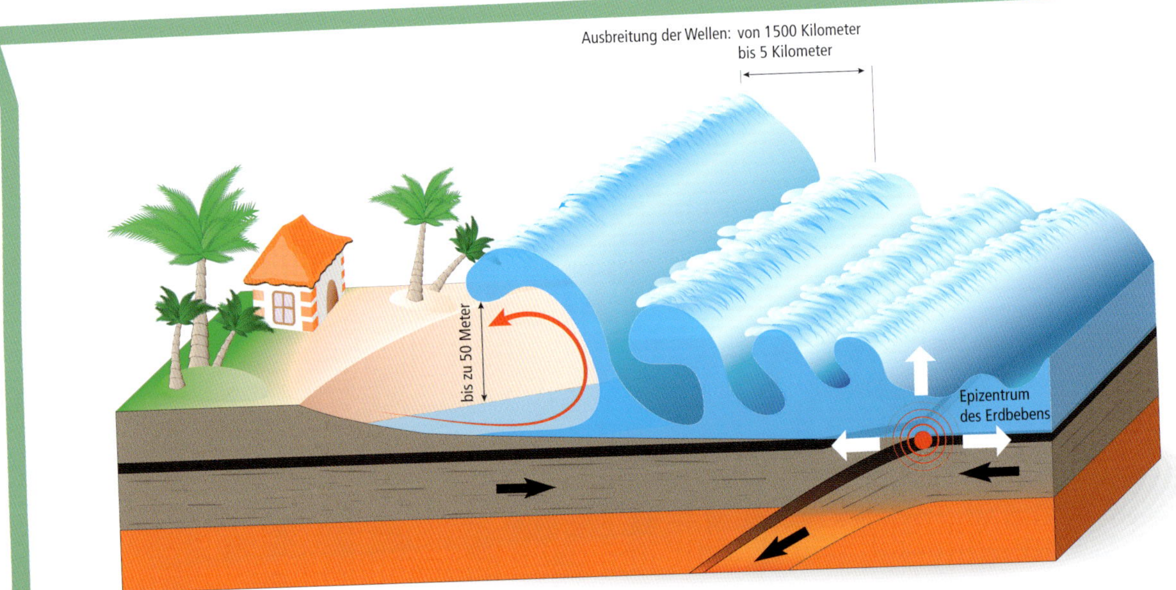

Tsunamis entstehen oft durch Erdbeben am Meeresgrund.

Seebeben im Indischen Ozean

Weihnachten 2004 bebte die Erde im Indischen Ozean. Ein Tsunami raste über das Meer und traf die Küsten von vielen Ländern in Südostasien und Afrika, darunter Sumatra, Bangladesch, Sri Lanka, Indonesien, Thailand und Somalia. Meterhohe Wellen überrollten die Küstenorte, fegten über Häuser hinweg und spülten Schiffe kilometerweit ins Landesinnere. Mehr als 230 000 Menschen starben und Millionen Küstenbewohner wurden obdachlos.

Weg war das Wasser

Bevor der Tsunami 2004 auf Land traf, zog sich das Wasser an den Stränden weit in Richtung Meer zurück. Dieses Warnzeichen wurde nicht erkannt. Deshalb befanden sich viele Menschen noch am Strand, als sie die tödliche Welle erreichte.

Tsunamiwarnung

Das Seebeben im Indischen Ozean und der folgende Tsunami trafen die Bevölkerung ohne Vorwarnung. Die katastrophalen Folgen führten in den Folgejahren zum Ausbau eines Frühwarnsystems. Seismometer, Drucksensoren, Satelliten und GPS-Stationen messen Bodenbewegungen, den Wasserdruck sowie Veränderungen des Meeresspiegels und der Strömung. Die Daten werden an die Frühwarnstationen an der Küste übermittelt und von dort wird die Bevölkerung gewarnt. Je dichter das Beben an der Küste liegt, desto schneller erreichen die Wellen das Land und umso kürzer ist die Vorwarnzeit.

Eine riesige Tsunamiwelle in Fukushima hat das Boot bis in die Stadt geschwemmt.

Fukushima

Im März 2011 bebte der Meeresboden vor Japans Küste und löste eine gigantische Flutwelle aus. Der Tsunami beschädigte auch das Kernkraftwerk Fukushima stark. Radioaktive Strahlung trat aus und alle Bewohner im Umkreis von 30 Kilometern mussten ihre Häuser verlassen. Bis heute sind einige Gebiete rund um das Kernkraftwerk unbewohnbar.

Kernkraft, bitte nicht!
Die Katastrophe von Fukushima führte in einigen Ländern der Welt dazu, die Nutzung von Kernkraft zur Stromgewinnung zu überdenken. Reaktoren wurden abgeschaltet und stattdessen andere, weniger gefährliche Energiequellen genutzt.

STURMFLUTEN

Überschwemmungen können an der Küste, zum Beispiel an der Nordsee, auch durch Sturmfluten entstehen. Sie treten auf, wenn zusätzlich zum Hochwasser auch noch ein Sturm Richtung Küste oder Flussmündung weht. Er drückt das auflaufende Wasser ins Land. Besonders gefährdet sind dann die Halligen, die nur wenige Meter über dem Meeresspiegel liegen, sowie die flachen Landesteile. Sie werden schnell überflutet.

Hallig Hooge in der Nordsee

Schafe auf einem Deich in Friesland. Sie helfen die Deiche zu schützen, denn sie sorgen dafür, dass diese fest sind.

Deichen oder weichen

Die Küstenbewohner kennen die Gefahr von Hochwasser und Sturmflut. Seit jeher versuchen sie ihr Land mit Deichen vor den Wassermassen zu schützen. Die Häuser auf den Halligen sind auf Erdhügeln errichtet, doch wie die Deiche auch, mussten diese im Laufe der Zeit erhöht werden, um den Sturmfluten und dem steigenden Meeresspiegel standzuhalten. Wer keinen Deich bauen will, muss das Land früher oder später verlassen. Das Meer holt es sich zurück.

Deichbau

Früher waren die Deiche wesentlich steiler als heute und konnten dem anbrandenden Wasser nicht lange standhalten. Moderne Deiche sind flacher gebaut, sodass die Wellen ausrollen und dadurch an Wucht verlieren.

Unmittelbare Folgen der Sturmflut in Hamburg im Jahre 1962

Die Hamburg-Flut

Die große Sturmflut vom Februar 1962 kostete 340 Menschen das Leben. Weil Hamburg stark betroffen war, wird sie auch Hamburg-Flut genannt. Über 60 Deiche brachen in einer Nacht und das eiskalte Wasser überschwemmte mehrere Stadtteile. Es stieg 5,70 Meter höher als bei einem durchschnittlichen Hochwasser und überraschte viele Menschen im Schlaf. Ein Sechstel Hamburgs stand unter Wasser. 100 000 Menschen waren vom Wasser eingeschlossen. Strom, Gas, Wasser und Telefon funktionierten vielerorts nicht.

Rettung naht

Hubschrauberstaffeln wurden ausgeschickt, um Personen von Hausdächern zu retten. Andere wurden mit Schlauch- und Sturmbooten in Sicherheit gebracht. Transportflugzeuge der Luftwaffe, Soldaten, Feuerwehrleute und Polizisten, aber auch Zivilisten beteiligten sich an der Rettung der Überlebenden und der Reparatur der Deiche. Diese wurden infolge der Katastrophe verstärkt und haben bis heute ein weiteres Unglück dieses Ausmaßes verhindert.

Rettung von betroffenen Hamburgern

Wer warnt?
Warnungen vor Sturmfluten an der Ost- und Nordsee gibt das Bundesamt für Seeschifffahrt und Hydrographie (BSH) in Hamburg heraus. Es arbeitet eng mit dem Seewetteramt zusammen.

NATURGEWALT ERDE: BODEN IN BEWEGUNG

WIESO BEWEGT SICH DER BODEN?

Die Erde ist in Schichten aufgebaut. Sie besteht aus der Erdkruste, die bis zu 70 Kilometer dick ist, dem äußeren und inneren Erdmantel sowie dem äußeren und inneren Kern. Der Mittelpunkt der Erde ist von der Erdkruste rund 6 500 Kilometer entfernt.

Einige dieser Schichten sind fest, andere flüssig. So auch Teile des äußeren Erdmantels. Auf ihnen schwimmen die Kontinentalplatten. Allerdings bewegen sich nicht alle Platten mit derselben Geschwindigkeit und auch nicht in dieselbe Richtung.

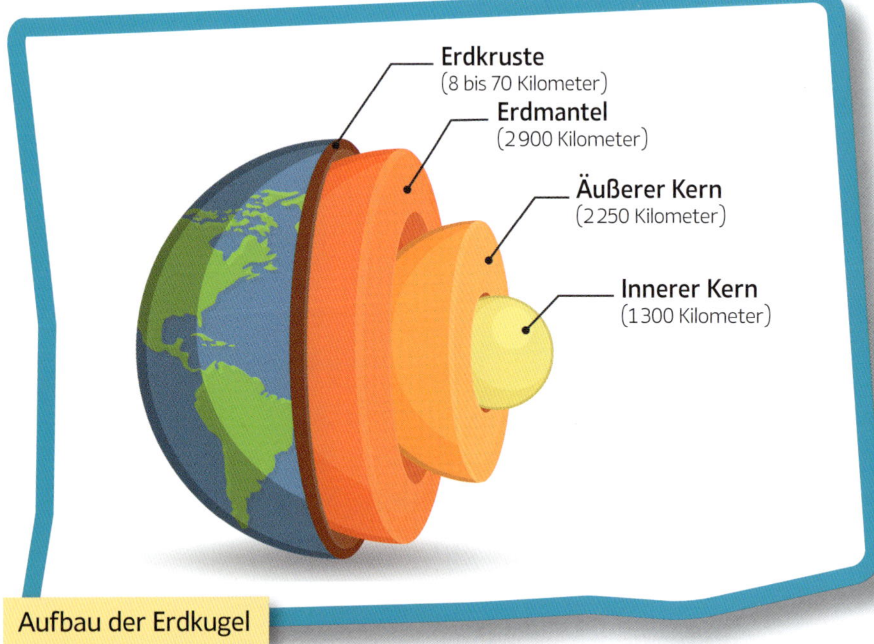

Aufbau der Erdkugel

Die Kontinentalplatten
Es gibt sieben große Kontinentalplatten und etwa 50 kleinere.

Treffen sich zwei Platten ...

Manchmal rumst es gewaltig, wenn zwei Platten zusammenstoßen. Es folgt ein Erdbeben und der Boden bewegt sich. Schieben sich die Erdmassen über- oder untereinander, entstehen gewaltige Risse und Krater. Aus ihnen kann Magma, flüssiges Gestein, an die Oberfläche treten. Erdbeben und Vulkanausbrüche gibt es deshalb besonders häufig in Regionen, wo mehrere große Erdplatten aufeinandertreffen.

Bewegung zweier Erdplatten

WIE ERDBEBEN ENTSTEHEN

Die Erdplatten bewegen sich jedes Jahr um ein paar Zentimeter. Sie driften voneinander weg, bewegen sich aufeinander, schieben sich aneinander vorbei oder untereinander. Es kommt auch vor, dass sich ihre Ränder verhaken. Lösen sie sich schließlich mit einem Ruck wieder, gibt es eine gewaltige Erschütterung, die oft noch viele Kilometer weit entfernt zu spüren ist.

Risse im Asphalt, die durch ein Erdbeben entstanden sind.

Erdbeben messen

Erdbeben können unterschiedlich stark sein. Bei einem leichten Beben bewegt sich vielleicht nur die Deckenlampe, ein schweres Beben kann dagegen ein ganzes Haus zum Einsturz bringen. Die Stärke eines Bebens, auch Magnitude genannt, wird mit der Richterskala (siehe Kasten) gemessen. Sie umfasst zehn Stufen und beschreibt die Auswirkungen eines Bebens. Ab Stärke 5 wird es für Menschen gefährlich, denn dann entstehen an Gebäuden erste Schäden.

Mit einem Seismografen zeichnet man Erdbeben auf (siehe Seite 54).

Zwei verschiedene Skalen
Die Richterskala ist nach dem US-Amerikaner Charles Francis Richter (1900–1985) benannt. Er entwickelte das Messverfahren in den 1930er-Jahren. Heute wird die Erdbebenstärke meist mit der Momenten-Magnituden-Skala bestimmt. Sie stammt aus dem Jahr 1977.

ERDBEBENGEBIETE

Die meisten Erdbeben entstehen dort, wo zwei oder mehr Kontinentalplatten aufeinandertreffen. In Japan bebt die Erde deshalb besonders oft, denn der Inselstaat liegt im Bereich gleich vier solcher Platten. Auch in Europa kommt es immer wieder zu Erschütterungen. In der Nähe von Istanbul, einer türkischen Großstadt, grenzen die Eurasische und die Anatolische Erdplatte aneinander. Ihre Bewegungen verursachen regelmäßig Beben in der Millionenstadt. Das letzte große Beben in der Türkei ereignete sich im Februar 2023. Auch Syrien war stark betroffen.

Das Beben von Chile

1960 erschütterte ein schweres Erdbeben den Süden von Chile. Bis heute ist es mit einer Magnitude von 9,5 das stärkste jemals gemessene Erdbeben. Tausende Menschen starben in den Trümmern und durch die Flutwelle, die durch das Beben ausgelöst wurde.

Messgeräte

Erdbeben werden mit einem Seismometer oder Seismografen gemessen. Das Gerät zeichnet die Erschütterungen der Erde in einer Zitterkurve auf. Große Ausschläge weisen auf ein starkes Beben hin, kurze Striche auf geringe Erschütterungen.

Auch 2010 verursachte ein Erdbeben in Chile sehr große Schäden.

VORSICHT, STEINSCHLAG!

Wenn du schon einmal in den Bergen unterwegs warst, sind dir vielleicht die Straßenschilder aufgefallen: Vorsicht, Steinschlag! Sie warnen Autofahrer, Radfahrer und Fußgänger vor herabfallenden Steinen. An Berghängen, an denen sich besonders oft Steine lösen, sind die Felsen mit einem Stahlnetz gesichert. Die Gesteinsbrocken bleiben oberhalb der Straße darin hängen.

Warum bröckeln Felsen?

Dafür gibt es verschiedene Ursachen. Eine hat mit den steigenden Temperaturen weltweit zu tun. Sie machen sich auch in den Bergen bemerkbar, und in hohen Lagen, in denen der Boden bisher durchgehend gefroren war, taut es. Felsen, die durch den Frost wie mit einem Kitt verbunden waren, brechen plötzlich auseinander und stürzen ins Tal. Auch Schmelzwasser setzt dem Gestein zu. Es bahnt sich einen Weg durch Spalten und Ritzen und wäscht den Fels aus. Friert das Wasser in den Felszwischenräumen dann wieder, dehnt es sich aus und sprengt den Fels regelrecht ab.

Berg Hochvogel
Der Gipfel des Bergs Hochvogel in den Allgäuer Alpen wird auseinanderbrechen. Schon jetzt klafft ein riesiger Spalt im Gestein. Weil bei einem Felssturz riesige Mengen Fels ins Tal stürzen würden, wird der Berg nun überwacht.

GEWALTIGE SCHNEEMASSEN

Wenn in den Bergen sehr viel Schnee liegt, steigt die Lawinengefahr. Große Mengen Schnee können dann die steilen Berghänge herabrutschen. Auf Skipisten warnen Schilder vor dem Verlassen der Piste, denn nicht selten lösen Skifahrer oder Snowboarder die Lawine im Gelände selbst aus. Fachleute sind deshalb in den Wintersportorten unterwegs und prüfen, ob der Schnee fest ist. Ist das nicht der Fall, wird die Strecke gesperrt.

Den Schnee sprengen
Liegen Skipisten oder Wanderwege in der Nähe von Lawinenhängen, löst die Bergwacht Lawinen manchmal kontrolliert aus. Dies soll verhindern, dass große Schneemengen unkontrolliert den Berg hinabrasen. Mit einem Helikopter fliegt die Bergwacht über den Hang und wirft von oben Sprengstoff in den Schnee. Der Schnee rauscht dann durch die Explosion ins Tal und die Gefahr ist gebannt.

Eine Lawine stürzt den Berg herunter.

Unter Schnee begraben

Nicht immer hält sich jeder an die Verbote. Manchmal fahren Feriengäste in gesperrtes Gelände und lösen dort aus Versehen eine Lawine aus. Wer sich in unmittelbarer Nähe befindet, ist dann in Lebensgefahr. Wird man von einer Lawine verschüttet, sinken die Überlebenschancen mit jeder Minute, die vergeht. Sind die Retter nicht schnell genug vor Ort, ersticken oder erfrieren die Verschütteten.

Bergretter suchen mit Lawinenspürhunden nach Verschütteten.

Das Risiko mindern

Wer sich abseits kontrollierter Pisten bewegt, sollte zur eigenen Sicherheit einen Sendeempfänger bei sich haben. Er sendet und empfängt Signale, die von der Suchmannschaft geortet werden können. Verschüttete werden schneller gefunden und ihre Überlebenschancen steigen dadurch. Hilfreich ist auch ein Lawinenrucksack. Er funktioniert ähnlich wie ein Airbag im Auto und bläst sich sehr schnell auf. Dadurch geraten Verunglückte nicht so tief unter den Schnee. Mit einer Schaufel und einer Sonde kann man nach Verschütteten suchen.

Abgeschnittene Dörfer

Lawinen entstehen auch bei Tauwetter. Die obere Schneeschicht schmilzt, verliert an Festigkeit und rutscht ab. Auf ihrem Weg ins Tal reißt sie alles mit sich, was im Weg ist. Bäume, Autos und Häuser werden unter den Schneemassen begraben und Straßen unpassierbar. Manchmal sind nach einem Lawinenabgang ganze Bergdörfer von der Außenwelt abgeschnitten. Dann kann es Tage dauern, bis die Straßen wieder frei sind und die Menschen den Ort verlassen können.

Lawinenausrüstung

Lawinenschutzzäune
Manche Hänge in den Bergen sind mit großen Zäunen verbaut. Diese Lawinenschutzzäune halten den Schnee auf, sodass er nicht ins Tal rasen kann. Das sieht nicht schön aus, hilft aber!

VULKANAUSBRÜCHE

Schlammströme (Lahare) infolge eines Vulkanausbruchs

Vulkanausbrüche gehören zu den besonders verheerenden Naturgewalten. Sie schleudern Asche, Gas und Gestein in die Luft oder Lava ergießt sich aus dem Vulkanschlot und fließt die Hänge des Bergs hinab. Bricht ein Vulkan unter einem Gletscher aus, schmilzt das Eis und vermischt sich mit der Asche. Schlammströme, die sogenannten Lahare, sind die Folge. In jedem dieser Fälle sind die Folgen für bewohnte Gebiete katastrophal. Felder und Häuser werden verwüstet, verschüttet oder verbrannt. Kommt der Ausbruch überraschend, sterben häufig Menschen.

Tödliche Gaswolke

Am gefährlichsten sind bei einem Ausbruch nicht die Lavaströme. Oft bewegen sie sich so langsam, dass man sich in Sicherheit bringen kann. Ein ganz anderes Tempo haben die Gas- und Glutwolken, die sehr heiß sind und sich extrem schnell fortbewegen. Sie können Geschwindigkeiten von bis zu 600 Stundenkilometern erreichen. Ihnen entkommt man nicht.

Unter Beobachtung
Die besonders aktiven Vulkane werden ständig überwacht. So lassen sich Anzeichen für einen Ausbruch erkennen. Doch wann dieser genau eintritt, wie stark er sein wird und wie lange er dauert, weiß man nicht.

Gas- und Rauchwolke über einem Vulkanschlot

Plötzlich anderes Klima

Vulkanausbrüche können das Klima verändern. Steigen große Mengen Asche bis in die Stratosphäre auf, treiben sie häufig um den ganzen Globus. Der Himmel verdunkelt sich und es wird merklich kühler. Der Ausbruch des Tambora in Indonesien im Jahr 1815 hatte solche schwerwiegenden Folgen. Im Jahr nach dem Ausbruch war es weltweit kühler und es gab keinen Sommer. Stattdessen fiel häufig Regen. Ernten fielen aus und die Menschen hungerten.

Flug gestrichen
Als im Jahr 2010 der isländische Vulkan Eyjafjallajökull ausbrach, legte die gewaltige Aschewolke den Flugverkehr für lange Zeit lahm. Zu groß war die Gefahr, dass die Asche in der Luft die Triebwerke der Flugzeuge verstopft.

Neues, fruchtbares Land

Manchmal entsteht durch den Ausbruch eines Vulkans neues Land. Das kann eine Insel bei einem unterseeischen Vulkan sein oder die Veränderung der Küstenlinie durch erstarrte Lava, die zuvor ins Meer geflossen war. Dann siedeln sich im Laufe der Zeit Pflanzen dort an. Auch in Vulkanasche können Pflanzen gedeihen. Die Bauern am Ätna, einem aktiven Vulkan auf Sizilien, einer Insel in Italien, ernten dort Wein, Zitronen, Feigen und sogar Bananen.

2021: Beim Vulkanausbruch auf La Palma bildet sich eine Landzunge.

WÜSTEN

Bei dem Begriff Wüste denkst du wahrscheinlich an viel Sand. Es gibt aber auch Eis-, Stein-, Geröll- und Felswüsten sowie Salzwüsten. Alle Wüsten zusammen machen etwa ein Fünftel der weltweiten Landmasse aus. Die größte Wüste der Welt besteht aus Eis. Es ist die Antarktis. Die Sahara ist die größte Trockenwüste, sie besteht aus Fels, Stein und Sand.

Von ganz kalt ...

... bis ganz warm!

Trockenwüste
Eine Trockenwüste zeichnet sich durch extreme Trockenheit und Hitze aus. Es fällt gar kein oder nur sehr wenig Regen. Tagsüber ist es sehr heiß und nachts sehr kalt.

Sahara

Die Sahara liegt im Norden Afrikas und nimmt fast ein Drittel des gesamten Kontinents ein. Sie ist ungefähr so groß wie Europa und wächst weiter. Jedes Jahr breitet sie sich in manchen Gebieten fünf bis zehn Kilometer weiter nach Süden aus. Verantwortlich dafür sind der Klimawandel und die Erosion des Bodens. Die Niederschläge bleiben aus und auf dem kargen Boden wachsen keine Pflanzen, die den Sand stoppen können. In den Randgebieten der Wüste wird es trockener und der Boden verwittert mit der Zeit so weit, dass nichts mehr darauf wächst.

Mächtige Dünen

Dünen, also große Haufen aus Sand, bilden sich, wenn der Wind Sand mit sich fortträgt und an anderer Stelle wieder ablagert, wenn er auf ein Hindernis stößt. Mit der Zeit sammeln sich dort immer mehr Sandkörner und werden schließlich zu Dünen. Ganze Dünengebirge mit mehreren Hundert Meter Höhe können so entstehen.

Die höchsten Sanddünen der Erde findet man in der Namib-Wüste in Namibia.

Wanderdünen

Weht der Wind in einer Sandwüste stets aus derselben Richtung, beginnt die Düne zu wandern. Sandkorn um Sandkorn bewegt sich der mächtige Sandberg langsam, aber unaufhaltsam weiter. Auch in Dänemark gibt es eine Wanderdüne. Sie liegt an der Nordsee und trägt den Namen Rubjerg Knude. Der gleichnamige Leuchtturm an der Steilküste war schon halb im Sand verschwunden, als man beschloss, ihn zu versetzen. Nun steht er etwa 70 Meter entfernt von der Küste.

Der Leuchtturm Rubjerg Knude

Verschwundene Dörfer

In den Wanderdünen verschwinden Oasen und ganze Dörfer. Mit Schaufeln versuchen die Bewohner zunächst, ihre Häuser zu retten, doch oft ist das vergeblich. Sie müssen dem Sand weichen und sich einen anderen Ort zum Leben suchen.

NATURGEWALT WELTRAUM: GEFAHR AUS DEM ALL

WO BEGINNT DER WELTRAUM?

Wo endet die Atmosphäre, wo beginnt der Weltraum? Darauf gibt es unterschiedliche Antworten.

Der Weltraum beginnt dort, wo die Atmosphäre endet. Hört sich eindeutig an, ist es aber nicht. Der Weltraum ist ein weitestgehend luftleerer Raum. Das bedeutet, dass überall dort, wo es noch Luftteilchen gibt, noch kein Weltraum ist. Da die Luftschicht der Erde nicht scharf begrenzt ist wie die Hülle eines Fußballs, beantworten selbst Wissenschaftler diese Frage unterschiedlich.

80 Kilometer statt 100 Kilometer
Für die NASA, die US-amerikanische Weltraumbehörde, beginnt der Weltraum schon in 80 Kilometer Höhe.

Die Kármán-Linie

Der ungarisch-amerikanische Physiker Theodore von Kármán hat in den 1950er-Jahren die Höhe berechnet, bis zu der ein Flugzeug noch kontrolliert gesteuert werden kann. Diese Grenze liegt bei etwa 100 Kilometern Höhe. Bis in diese Höhe ist Luftfahrt möglich, oberhalb dieser gedachten Linie beginnt die Raumfahrt und damit der Weltraum. Der internationale Luftsportverband Fédération Aéronautique Internationale (FAI) teilte diese Auffassung und legte die Grenze zwischen Atmosphäre und Weltraum auf 100 Kilometer Höhe fest. Sie wird zu Ehren des Physikers als Kármán-Linie bezeichnet.

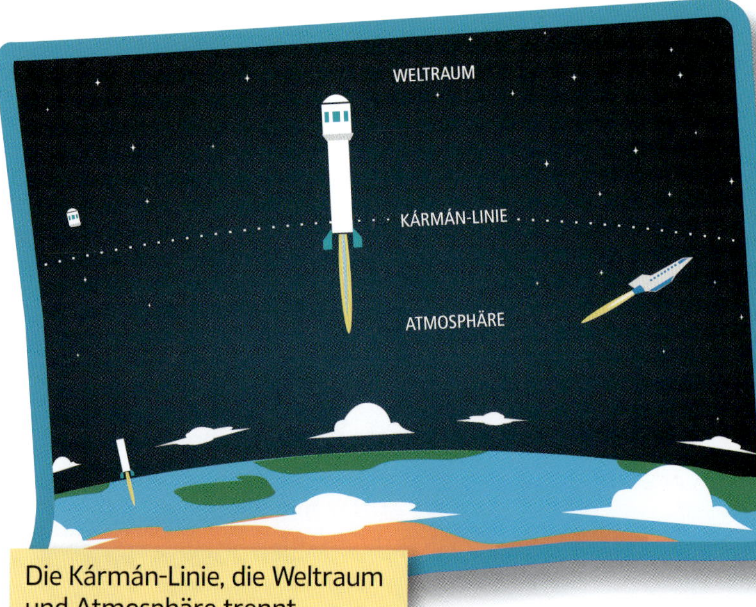

Die Kármán-Linie, die Weltraum und Atmosphäre trennt

ASTEROIDEN, METEOROIDEN UND KOMETEN

Neben Planeten bewegen sich auch andere Himmelskörper um die Sonne. Asteroiden sind große Gesteinsbrocken. Kometen bestehen aus Staub, lockerem Gestein und Eis. Sie können mehrere Hundert Kilometer groß sein. Meteoroiden sind kleiner als Asteroiden. Forschende beobachten die Umlaufbahnen dieser Himmelskörper sehr genau und wissen, dass rund 1100 Asteroiden die Umlaufbahn der Erde kreuzen. Sie können der Erde gefährlich werden.

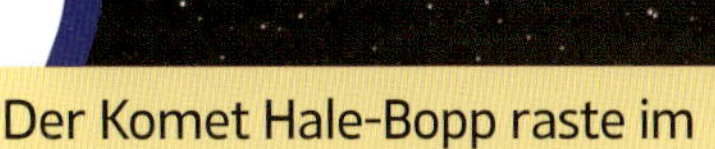

Der Komet Hale-Bopp raste im Jahr 1997 an der Erde vorbei.

Kleine und große Krater

Schlagen diese Himmelskörper auf der Erde auf, könnten sie im schlimmsten Fall alles Leben auf unserem Planeten auslöschen. Kleinere Brocken verursachen gewaltige Krater. Über hundert solcher Krater mit einem Durchmesser von mehr als fünf Kilometern sind auf der Erde bekannt. Der größte von ihnen, der Wilkeslandkrater, liegt unter dem Eis der Antarktis. Er hat einen Durchmesser von rund 480 Kilometern. Vermutlich hatte der Meteorit, der ihn verursacht hat, einen Durchmesser von 50 Kilometern.

Der Wolfe-Creek-Krater in Australien ist 15 Quadratkilometer groß. Hier wurden Meteoritenteile gefunden.

Meteoroid, Meteorit, Meteor

Beim Eintritt in die Erdatmosphäre verglühen die meisten Meteoriden. Die dabei auftretetenden Lichterscheinungen nennt man Meteor. Erreicht ein Teil des Meteoroiden die Erdoberfläche, wird er Meteorit genannt.

Asteroiden abwehren

Die NASA und die ESA arbeiten zusammen an einem Programm zur Abwehr von Asteroiden. Die Flugbahnen der Himmelskörper werden berechnet. Sollte sich ein solcher Himmelskörper auf Kollisionskurs mit der Erde befinden, versucht man, seine Flugbahn so zu verändern, dass er an unserem Planeten vorbeischießt. Erste Tests mit einer Raumsonde, einem unbemannten Raumflugkörper, die einen kleinen Asteroiden rammt und dadurch seine Umlaufbahn verändert, sind bereits erfolgreich gestartet.

Die Spur des Meteoroiden am Himmel über Tscheljabinsk

Meteoroiden explodieren

Nicht jeder Meteoroid, der auf die Erde zusteuert, trifft auch den Boden. Einige verglühen vorher, andere brechen noch in der Luft auseinander. So wie der Meteoroid, der 2013 über der russischen Millionenstadt Tscheljabinsk in etwa 30 Kilometer Höhe explodierte. Etwa 1500 Menschen wurden durch die Druckwelle verletzt und zahlreiche Gebäude beschädigt. Weil der Meteoroid aus der Richtung der Sonne kam, wurde er nicht entdeckt. Die Menschen konnten also nicht gewarnt werden.

Meteoriten-Fragmente

Das Ende der Dinosaurier
Vor 65 Millionen Jahren führte ein gigantischer Asteroiden-Einschlag zum Aussterben der Dinosaurier.

GEFAHR DURCH WELTRAUMSCHROTT

Seit Beginn der Raumfahrt sammelt sich immer mehr Weltraumschrott in der Umlaufbahn der Erde. Diese Teile erfüllen keine Funktion mehr und sind Überbleibsel vergangener Weltraummissionen. Ausgediente Raketenoberstufen und Satelliten, verloren gegangenes Werkzeug sowie Trümmerteile von Kollisionen ziehen dort oben ihre Bahnen. Millionen von Kleinstteilchen sind darunter, aber auch mehr als 30 000 Teile mit einem Durchmesser von mindestens zehn Zentimetern. Sie werden mithilfe von Radaranlagen und Teleskopen vermessen und katalogisiert.

Ab in die Atmosphäre

Pro Jahr gelangen etwa 100 bis 150 Tonnen Weltraumschrott in die Atmosphäre. Ein Großteil davon verglüht, der Rest trifft die Erdoberfläche. Doch nur selten werden Teile davon gefunden. Sie versinken im Meer oder gehen über unbewohntem Gebiet nieder.

Trümmer, die im Weltraum umherfliegen

Die fliegende Werkzeugtasche
Im November 2008 verlor eine Astronautin bei einem Außeneinsatz an der ISS (siehe Kasten Seite 66) eine Werkzeugtasche. Bis zum August des darauffolgenden Jahres kreiste diese in etwa 350 Kilometer Höhe um die Erde. Dann trat sie in die Atmosphäre ein und verglühte dort.

Ausweichmanöver fahren

Bisher stellen die vielen herumfliegenden Teile noch kein sehr großes Problem dar. Allerdings können auch die kleinsten unter ihnen gehörigen Schaden anrichten, wenn sie auf aktive Raumstationen oder Satelliten treffen, denn sie sind sehr schnell im Weltraum unterwegs. Weiß man auf der ISS, dass sich solch ein Geschoss nähert, fahren die Astronautinnen und Astronauten Ausweichmanöver, um die Raumstation und sich selbst nicht zu gefährden. Satelliten werden ferngesteuert, um Objekten auszuweichen.

Den Weltraum putzen

Der Schrott im Weltraum nimmt zu. Deshalb wird an Lösungen gearbeitet, dieses Problem zu beheben. Ideen gibt es einige. So könnte zum Beispiel ein Aufräum-Satellit den Schrott mit Greifarmen und Netzen einfangen und dafür sorgen, dass er in der Atmosphäre verglüht. Auch ein Reparaturservice im All wäre denkbar. Kaputte Satelliten könnten aufgetankt und wieder in Schuss gebracht werden.

ISS, die Internationale Raumstation
Die Internationale Raumstation ISS umkreist die Erde in einer Höhe von rund 400 Kilometern. Sie ist bei guten Bedingungen mit bloßem Auge von der Erde aus zu sehen.

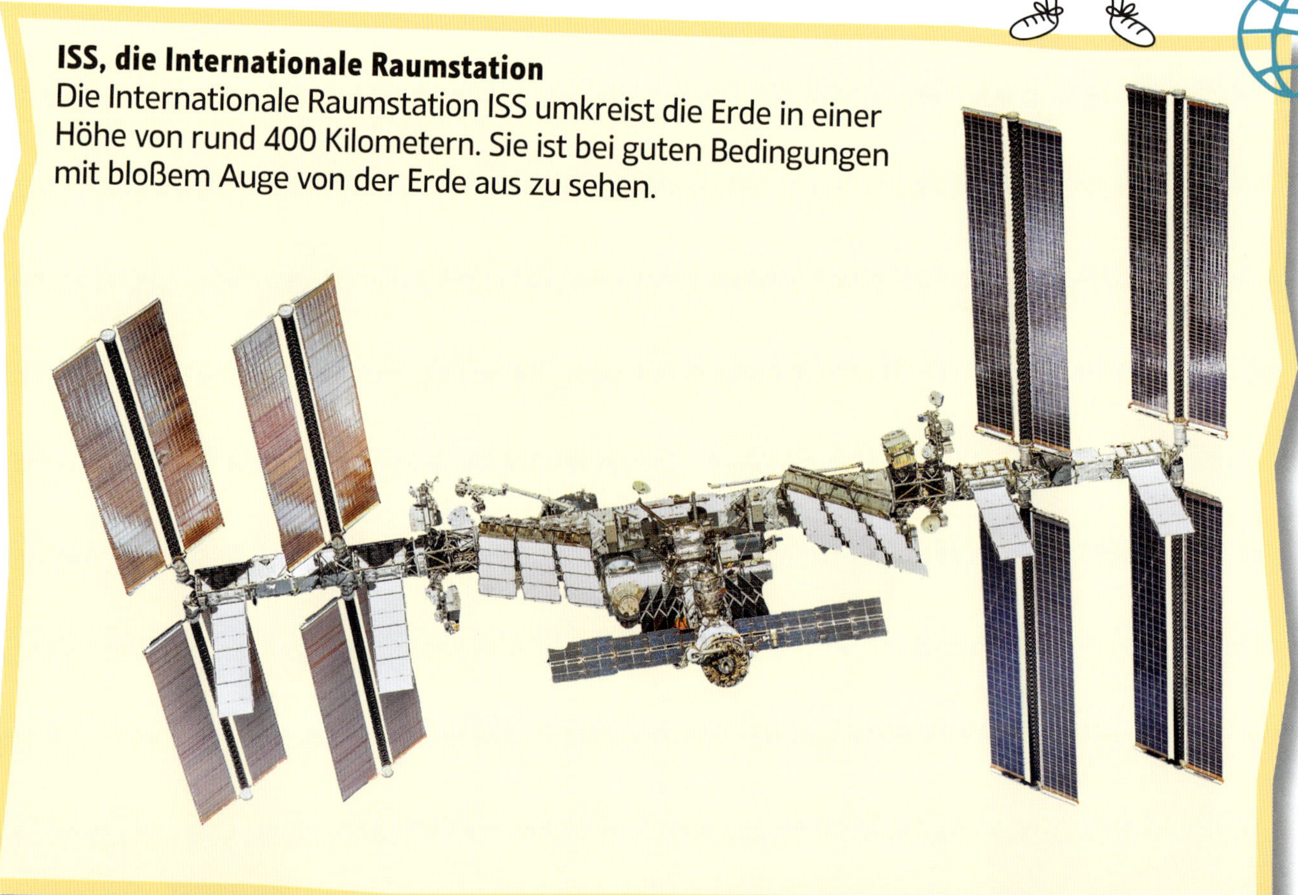

GEFÄHRLICHE SONNENSTÜRME

Auf der Sonne kommt es regelmäßig zu Eruptionen. Dann schleudert die Sonne Plasma von sich, einen gasförmigen Stoff. Dies geschieht mit solcher Wucht, dass wir die Auswirkungen auch auf der Erde spüren können. Sonnensturm nennen die Forschenden dieses Ereignis. Trifft der Sonnensturm auf die Erde, bringt er das Magnetfeld, das die Erde umgibt, ganz schön durcheinander. Dann können Handy- und Radioempfang gestört sein und Stromnetze nicht mehr funktionieren.

Sonnensturm im Weltraum

Alle elf Jahre

Alle elf Jahre geht es auf der Sonne besonders turbulent zu. Dann ist mit Sonnenstürmen und den oben genannten Störungen zu rechnen. Zum Glück dauert so ein Ereignis meist nicht länger als ein bis zwei Tage. Dann ist der Spuk wieder vorbei, genauso wie die besonders intensiven Polarlichter, die es in dieser Zeit zu sehen gibt.

Absturz
Im Jahr 2022 hat Elon Musks Weltraumfirma SpaceX 40 Internet-Satelliten in einem Sonnensturm verloren. Sie konnten ihre Höhe nicht halten und verglühten schließlich beim Eintritt in die Erdatmosphäre.

Polarlichter

NATURGEWALT VIREN UND BAKTERIEN: DIE UNSICHTBARE GEFAHR

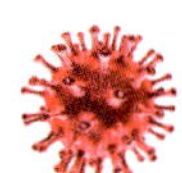

EPIDEMIE

Das Wort Epidemie stammt aus dem Griechischen und bedeutet so viel wie „beim Volk verbreitet“. Es ist gleichbedeutend mit dem deutschen Wort Seuche. Epidemien entstehen, wenn sich eine ansteckende Krankheit schnell verbreitet und viele Menschen befällt. Die Krankheit selbst kann durch Viren oder Bakterien ausgelöst werden. Manchmal verbergen sich die Krankheitserreger in dreckigem Wasser und in verdorbenen Lebensmitteln. So treten bestimmte Infektionskrankheiten wie die Leptospirose vermehrt nach Überschwemmungen auf. Ursache ist das verseuchte Wasser.

Pest und Cholera

Zahlreiche Epidemien wüteten in früheren Jahrhunderten in Europa. Zu den verheerendsten zählten Pest, Cholera, Pocken und Typhus. Die Pest, auch Schwarzer Tod genannt, raffte zwischen 1347 und 1352 in Europa etwa ein Drittel der Bevölkerung dahin. Eine schwere Cholera-Epidemie in Europa führte 1892 in Hamburg zum Tod von mehr als 8600 Menschen.

Ausgabe von abgekochtem Wasser in Hamburg 1892, um die Menschen vor Cholera zu schützen

Pockenimpfung
An den Pocken starben Millionen Menschen. Ende des 18. Jahrhunderts wurde ein Impfstoff entwickelt, der die Seuche eindämmte. Heute gelten die Pocken als ausgestorben.

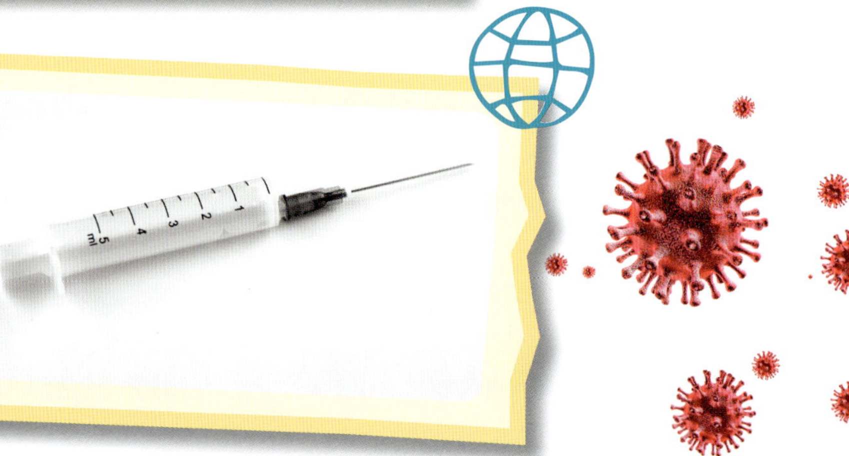

PANDEMIE

Breitet sich eine Infektionskrankheit in der ganzen Welt aus, wird aus einer Epidemie eine Pandemie. Viele Menschen erkranken und die Krankheitsverläufe sind oft schwer. Eine der tödlichsten Pandemien war die Spanische Grippe, eine Influenzainfektion, die 1918 bis 1920 wütete. Schätzungen zufolge waren 500 Millionen Menschen weltweit infiziert. 20 bis 50 Millionen Personen überlebten diese Krankheit nicht.

Wie im Flug

Zwar gab es auch früher bereits Pandemien, heute breiten sie sich aber wesentlich schneller aus. Das hängt mit den vielen Reisen zusammen. Wer sich infiziert hat, kann den Erreger innerhalb eines Tages an fast jeden Ort der Welt bringen, einfach indem er oder sie in ein Flugzeug steigt. Das SARS-Virus, das 2002 zuerst in China auftrat, konnte wenige Wochen später schon auf fast allen Kontinenten nachgewiesen werden.

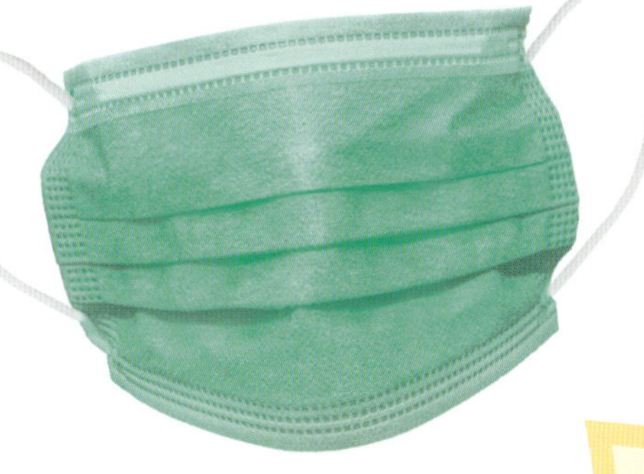

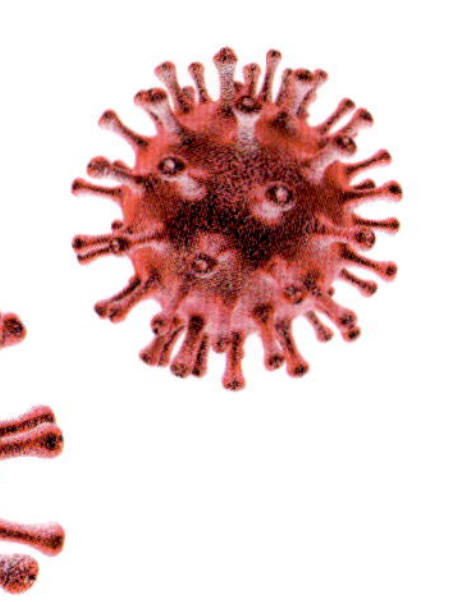

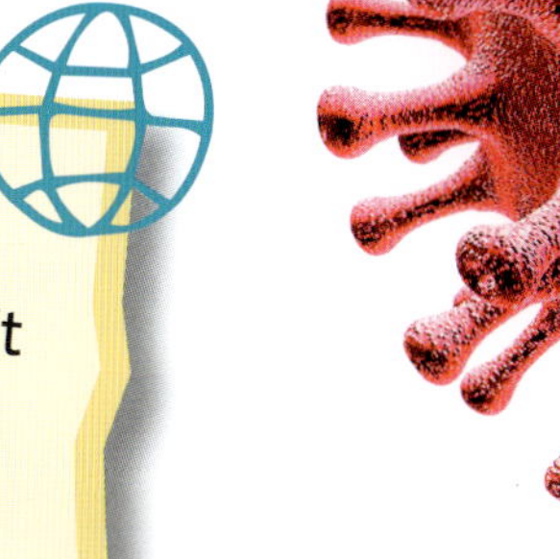

Von Wuhan in die Welt
Ende Dezember 2019 infizierten sich in Wuhan in China die ersten Menschen mit dem Coronavirus. Bis Ende Januar 2020 beschränkten sich bekannte Infektionen auf China. Nur zwei Monate später erklärte die Weltgesundheitsorganisation die Epidemie zur Pandemie.

AUSBLICK: DEN KLIMAWANDEL AUFHALTEN

DÜSTERE AUSSICHTEN

Schreitet der Klimawandel voran, wird es häufiger zu Naturkatastrophen kommen. Schwere Überschwemmungen, Felsstürze, Waldbrände und heftige Stürme sind bereits jetzt keine Seltenheit mehr. Wurde früher im Fernsehen von Tornados berichtet, tobten sie meist in den USA. Inzwischen lassen sich diese Wirbelstürme aber auch in Deutschland beobachten. Auch Waldbrände lodern nicht mehr nur rund ums Mittelmeer, sondern müssen auch in Brandenburg bekämpft werden. Lässt sich diese Entwicklung aufhalten? Was müsste man dafür tun?

Stoppt den Klimawandel!

Jeder von uns trägt zum Klimawandel bei. Wir verbrauchen Energie zum Heizen und Fläche, um zu wohnen. Wir verbrennen Benzin, wenn wir mit dem Auto fahren, und nutzen Strom, um das Handy zu laden. Jeder von uns bedient sich an den Ressourcen der Erde, die einen mehr, die anderen weniger. Wie hoch der Verbrauch jedes Einzelnen ist, lässt sich mit dem ökologischen Fußabdruck messen. Er zeigt an, wie viel Fläche auf der Erde benötigt wird, damit wir unseren Lebensstil aufrechterhalten können.

Über alle Maßen
Derzeit verbraucht die Weltbevölkerung mehr Ressourcen, als dauerhaft verfügbar sind. 1,75 Erden würden gebraucht, um unseren Bedarf weiterhin zu decken.

Auf großem Fuß leben

Die meisten Nationen verbrauchen weit mehr natürliche Ressourcen, als auf lange Sicht vorhanden sind. Rohstoffe wachsen nicht so schnell nach, wie wir sie verbrauchen, und Fläche steht nicht unbegrenzt zur Verfügung. Vor allem die Industrienationen sind in dieser Hinsicht große Verschwender. Wenn alle Menschen so leben würden wie die Bewohner der USA, bräuchte man etwa fünf Erden (siehe rechts). Hätten alle Erdenbürger einen Lebensstandard wie wir Menschen in Deutschland, wären es drei. Menschen in armen Ländern wie Äthiopien oder Bangladesch verbrauchen dagegen viel weniger.

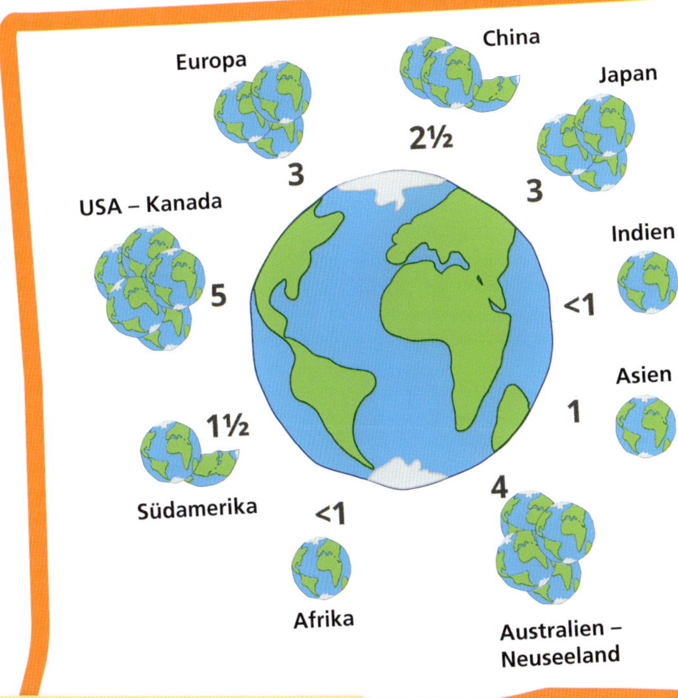

Wie viele Erden bräuchten wir?

Klimagerechtigkeit

Obwohl die reichen Länder am meisten zum Klimawandel beitragen, leiden sie nicht am meisten darunter. Die Auswirkungen der Erderwärmung treffen vor allem die armen Länder. Wer Klimagerechtigkeit fordert, möchte, dass dieses Ungleichgewicht aufgehoben wird. Die Hauptverursacher sollen beispielsweise ihren CO_2-Ausstoß deutlich verringern und die Entwicklungsländer für Klimaschäden angemessen entschädigen beziehungsweise sie dabei unterstützen, klimabedingte Folgen zu mindern.

Lieber eine Nummer kleiner
Wir können uns unseren Lebensstil auf Dauer nicht mehr leisten. Deshalb ist es wichtig, dass jeder Einzelne versucht, seinen ökologischen Fußabdruck zu verkleinern.

Demonstration für mehr Klimagerechtigkeit

WENIGER IST MEHR

Jeder Einzelne kann dazu beitragen, dass der Klimawandel nicht weiter ungebremst fortschreitet. Auch kleine Maßnahmen bewirken etwas, wenn viele mitmachen, und manches davon ist gar nicht einmal so schwer umzusetzen. Ziel ist, möglichst wenig schädliche Treibhausgase zu produzieren. Die Hauptverursacher sind der Verkehr, die Energiewirtschaft, die Industrie und die Landwirtschaft.

Zu viel Verkehr

Millionen von Autos verstopfen alleine in Deutschland tagtäglich die Straßen. Zu den Hauptverkehrszeiten stehen viele davon im Stau und die ganze Zeit pusten sie CO_2 in die Luft. Nach wie vor werden die meisten Fahrzeuge mit fossilen Brennstoffen betrieben. Wie viel CO_2 sie ausstoßen, hängt vom Kraftstoff ab, mit dem sie fahren, und wie viel sie davon verbrauchen.

Die Blechlawine rollt.

Elektro-Autos

Die Zahl der Elektro-Autos nimmt stetig zu, doch auch sie sind nicht klimaneutral. Grund dafür ist die Batterie, bei deren Herstellung sehr viel CO_2 entsteht. Außerdem wird der Strom, den sie verbrauchen, teilweise immer noch aus fossilen Brennstoffen gewonnen. Lädt man das Fahrzeug mit Ökostrom, wird es umweltfreundlicher.

Kiloweise CO_2

Der durchschnittliche CO_2-Ausstoß eines Autos liegt bei einem Kleinwagen zwischen 13 und 18 Kilogramm pro 100 Kilometer. Bei einer Fahrt über die Landstraße sind die Werte am niedrigsten, im Stadtverkehr sind sie am höchsten. Die Autobahnfahrt liegt irgendwo dazwischen. Je größer und schwerer das Auto ist, desto mehr steigen diese Werte. Ein Auto der Oberklasse, also eines der teuersten Modelle, pustet leicht das Doppelte an CO_2 in die Luft. Reisen mit Flugzeugen und Kreuzfahrtschiffen sind noch umweltschädlicher.

Klimafreundlich unterwegs

Klimafreundlicher sind Fahrten mit der Bahn, der Tram oder dem Bus. Die Fahrt mit dem Stadtbus verursacht 10,8 Kilogramm CO_2 pro Person pro 100 Kilometer, eine Reise mit der Fernbahn 4,6 Kilogramm CO_2 pro Person pro 100 Kilometer. Ganz emissionsfrei bist du zu Fuß oder mit dem Fahrrad unterwegs.

Fahrten mit dem Fahrrad …

… und dem Zug sind besser fürs Klima!

Das geteilte Auto
Muss eigentlich jeder ein eigenes Auto haben? Klare Antwort: nein. Gerade in den Städten ist der öffentliche Nahverkehr so gut ausgebaut, dass man meistens gar keines braucht. Und wenn doch? Dann leiht man sich eines über Carsharing.

Woher kommt unsere Energie?

Jeden Tag nutzen wir zahlreiche elektrische Geräte und verschiedene Verkehrsmittel. Wir heizen die Wohnung und kochen Essen. Für all das benötigen wir Energie. Strom gewinnen wir zu 56 Prozent aus herkömmlichen Energiequellen, also beispielsweise aus Kohle, Erdgas und Erdöl. Die verbleibenden 44 Prozent stammen aus erneuerbaren Energien. Dazu zählen Windkraft, Sonnenenergie und Biomasse.

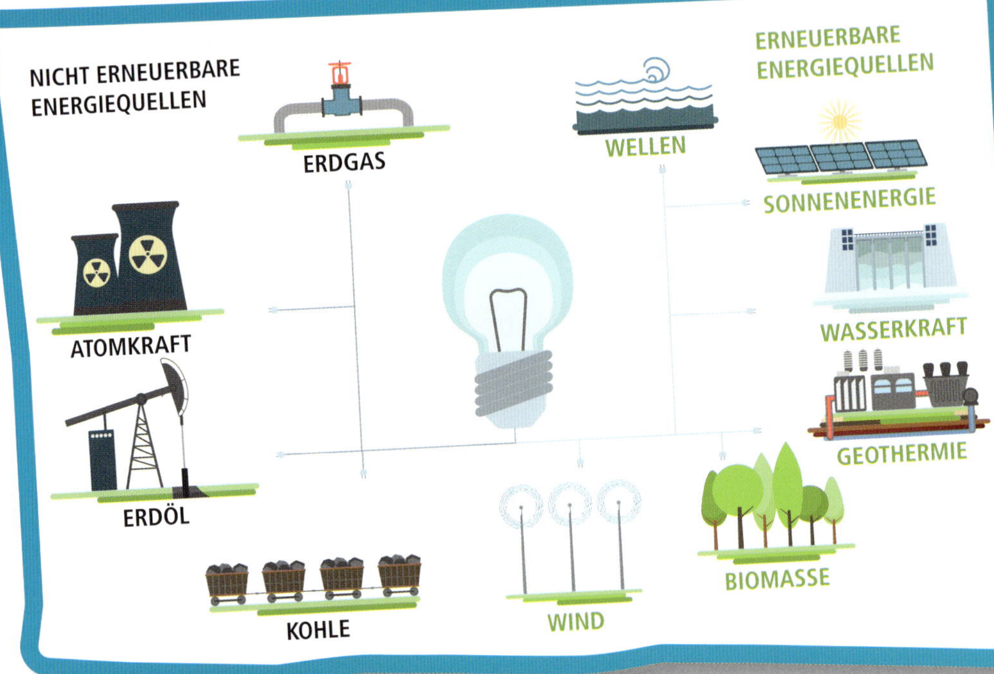

Braunkohleabbau hat unter anderem einen enormen Einfluss auf die Landschaft.

Fossile Brennstoffe gewinnen

Die Nutzung von fossilen Brennstoffen pustet CO_2 in die Luft. Aber auch ihr Abbau schadet der Natur. Braunkohle, die im Tagebau gefördert wird, verändert die Landschaft unwiderruflich. Wälder werden gerodet, Dörfer abgerissen und zurück bleiben gigantische Gruben und belastete Böden. Auch die Förderung von Erdgas und Erdöl ist nicht ungefährlich. Bohrlöcher müssen gesprengt werden, und kommt es auf einer Bohrinsel im Meer zu einem Unfall, können große Umweltschäden entstehen. Ausgetretenes Öl kann Strände verseuchen, das Gefieder von Seevögeln verkleben und Fische vergiften.

Das Gefieder dieses Vogels ist mit Öl verklebt.

Wasser und Erdwärme

In anderen europäischen Ländern wie zum Beispiel Island und Norwegen spielen auch Wasserkraft und die Nutzung von Erdwärme für die Energiegewinnung eine große Rolle.

Fracking

Der Begriff Fracking leitet sich vom englischen Verb „fracture" ab. Das bedeutet „aufbrechen". Es ist ein Verfahren, bei dem Sand, Chemikalien und Wasser mit hohem Druck in tiefe Gesteinsschichten gepresst werden. Dadurch bilden sich Risse im Gestein, durch die später Erdgas und Erdöl an die Oberfläche transportiert werden. Die Methode ist zum einen wegen der Einleitung von Chemikalien in den Boden umstritten. Außerdem können die Erschütterungen beim Aufbrechen des Gesteins an der Erdoberfläche zu Schäden an Gebäuden führen.

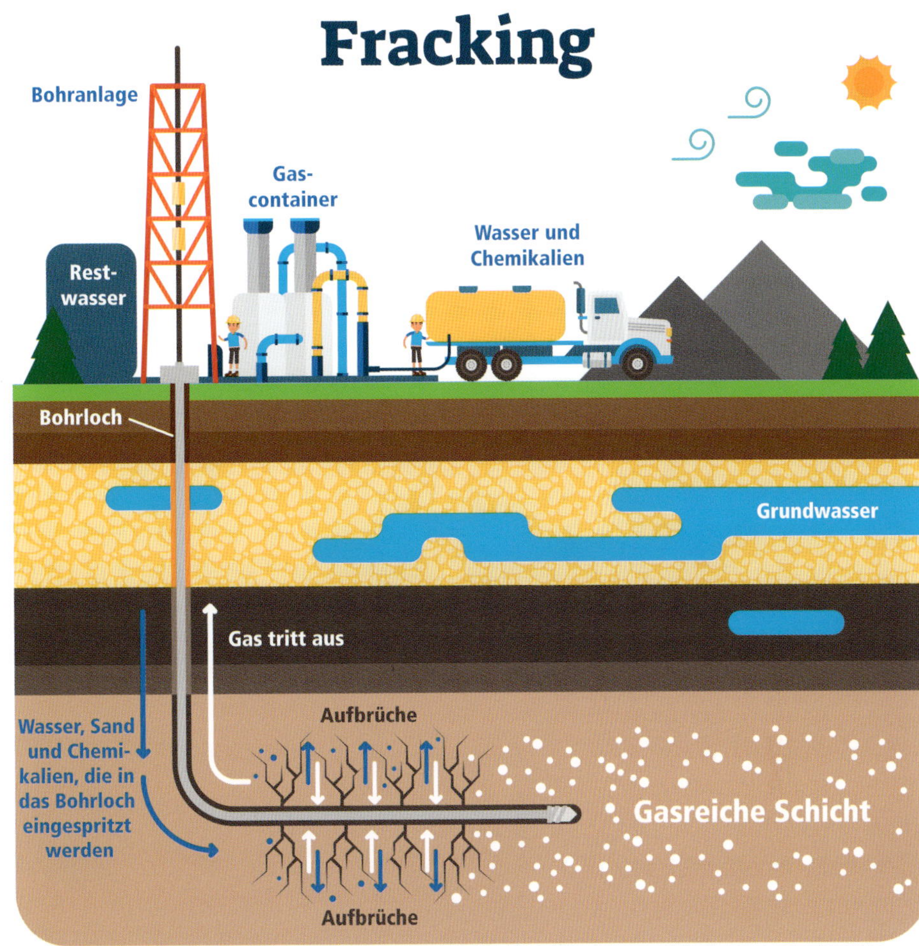

Erdbeben in England

Im Jahr 2019 kam es in Großbritannien durch Fracking zu mehreren kleinen Erdbeben. Daraufhin stoppte die britische Regierung die Förderung im Land. Auch aus Nordamerika sind Beben als Folge dieses Verfahrens bekannt. So hat Fracking in Kanada im Jahr 2016 ein Erdbeben der Stärke 4,8 ausgelöst.

Wenn der Boden erschöpft ist
Fossile Brennstoffe stehen nicht in unbegrenzter Menge zur Verfügung. Irgendwann sind die Vorkommen aufgebraucht oder nur noch so gering, dass sich eine weitere Förderung nicht mehr lohnt. Spätestens dann müssen andere Energiequellen erschlossen sein. Ökostrom aus alternativen Energiequellen wie Wind und Sonne kannst du jetzt schon nutzen.

Prima Klima ohne Fleisch?

Auch die Nahrungsmittel, die wir essen, haben Auswirkungen auf unseren ökologischen Fußabdruck. Nutztiere verbrauchen Fläche in Form von Weide, aber auch für die Futtermittelherstellung. All das verursacht CO_2, ebenso wie der Transport der Tiere zum Schlachten und dann des Fleisches in den Supermarkt. Etwa 13 Kilogramm CO_2 entstehen bei der Herstellung von einem Kilogramm Rindfleisch. Schweinefleisch und Geflügel verursachen um die fünf Kilogramm Treibhausgase. Wenn du weniger Fleisch isst, schonst du damit das Klima.

Gutes Gemüse

Pflanzliche Lebensmittel haben eine wesentlich bessere CO_2-Bilanz. Kaufst du Obst und Gemüse aus der Region, wenn sie gerade Saison haben, fallen gerade einmal ein paar Hundert Gramm schädliche Klimagase pro Kilogramm an. Für das Klima ist es prima, wenn statt Fleisch mehr Pflanzen gegessen werden.

Tomaten aus dem Gewächshaus
Kommen deine Bio-Tomaten aus einem beheizten Gewächshaus, verursachen sie 9,2 Kilogramm CO_2. Freilandtomaten aus der Region bringen es gerade einmal auf 35 Gramm CO_2 pro Kilogramm Tomaten.

ERNEUERBARE ENERGIEN

Die Nutzung von erneuerbaren Energien wird für das Klima weltweit immer wichtiger. Nur so kann die Menge der schädlichen Treibhausgase, die bei der Verbrennung von fossilen Energieträgern entstehen, wirkungsvoll reduziert werden. In Deutschland spielt vor allem die Windenergie eine wichtige Rolle. Schon heute wird etwa ein Fünftel der benötigten Energie für Strom aus Windkraft gewonnen. Die Nutzung von Sonnenenergie durch Fotovoltaikanlagen macht etwa zehn Prozent aus.

Wind vom Meer

Windkraftanlagen stehen fast überall in Deutschland. Die meisten gibt es am und im Meer, denn dort weht in der Regel ein beständiger Wind. Er treibt die Rotorblätter an. Im Inneren der Anlage wandelt ein Generator die Bewegungsenergie in Strom um. Dieser wird in das Stromnetz eingespeist und weiter verteilt.

Ungeliebte Stromtrassen
Um den Windstrom von der Küste bis in den Süden des Landes zu bringen, wo wenig Windkraftanlagen stehen, sind große Leitungen notwendig. Diese Stromtrassen sollten bereits fertiggestellt sein, doch immer wieder verzögert sich der Ausbau, weil viele Menschen keine Hochspannungsmasten in ihrer Nähe haben möchten.

Sonnenenergie nutzen

Die Energie der Sonne kannst du spüren, wenn sie dir im Sommer die Haut wärmt. Diese Energie lässt sich nutzen und in Strom umwandeln. Dafür ist eine Solaranlage nötig. Sie wird auch Fotovoltaikanlage genannt. Solch eine Anlage kann man auf dem Hausdach oder am Balkon anbringen. Ob man damit den eigenen Bedarf decken kann, hängt von der Größe der Anlage ab. Zudem scheint ja im Winter die Sonne deutlich weniger, wobei wir gerade dann meist mehr Strom brauchen. Mit großen Fotovoltaikanlagen auf Feldern kann viel Strom produziert werden.

Solaranlage auf dem Dach eines Hauses

Feld mit vielen Solarpaneelen

Warmwasser von der Sonne

Auf manchen Gebäuden stehen auch sogenannte Solarthermieanlagen. Sie haben Röhren, Sonnenkollektoren genannt, die mit einer Flüssigkeit gefüllt sind. In der Sonne werden sie warm. Diese Wärme heizt das Wasser in einem Kessel im Haus auf. Es kann dann zum Duschen oder Heizen verwendet werden.

Gut für die Umwelt
Solarenergie ist sehr umweltfreundlich und unbegrenzt verfügbar, zumindest bei Tageslicht. Will man auch nachts Solarstrom verwenden, benötigt man einen Speicher, in dem die überschüssige Energie des Tages zwischengelagert wird, bis man sie braucht.

Strom aus Kuhmist

Neben Wind- und Sonnenenergie ist Biomasse ein wichtiger Energielieferant in Deutschland. 8,2 Prozent Strom wird auf diese Art und Weise erzeugt. Die Energie für Strom, Wärme und Kraftstoffe kann aus Mais- und Getreidepflanzen, Stroh, Zuckerrüben, Schilfgras, Gülle, Bioabfall, wie du ihn aus der Biotonne kennst, und Klärschlamm gewonnen werden. Biomasse ist wegen seiner nachwachsenden Rohstoffe nicht nur ein besonders umweltfreundlicher, sondern auch sehr vielseitiger Energieträger.

Holzstückchen aus Biomasse können zur Stromerzeugung verbrannt werden.

Mais im Tank

Mais und Getreide anzubauen, um daraus Kraftstoffe für Fahrzeuge herzustellen, ist umstritten. Wird eine landwirtschaftliche Fläche zum Anbau von „Energiepflanzen" genutzt, steht sie nicht mehr für den Anbau von Nahrungsmitteln zur Verfügung. Landwirtschaftliche Flächen stehen zudem nicht unbegrenzt zur Verfügung.

Die Hälfte des Landes
In Deutschland wird circa 50 Prozent der verfügbaren Fläche landwirtschaftlich genutzt. Davon sind ungefähr zwei Drittel Ackerland und ein Drittel Dauergrünland, also Wiesen und Weiden. Einige Landwirte überlegen inzwischen, einen Teil ihres Landes mit Solarpaneelen zu überbauen. Die Flächen könnten so doppelt genutzt werden: als Weideland und zur Stromerzeugung.

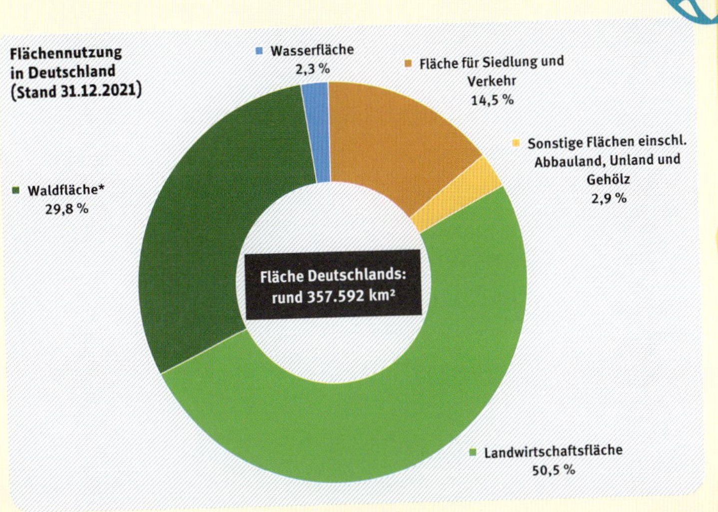

Wasser marsch!

Nur 2,9 bis 4 Prozent Strom werden bei uns aus Wasserkraft gewonnen. Weltweit sind es etwa 16 Prozent. Spitzenreiter in der Nutzung von Wasserkraft sind China, Brasilien, Kanada, die USA, Russland und Norwegen. Dort, und in Island, wird die benötigte Energie fast ausschließlich aus Wasserkraft gewonnen. Luxemburg, Österreich, Italien, Schweiz und Schweden können ihren Strombedarf zu mindestens 50 Prozent durch Wasserkraft decken.

H_2O

Mächtig Gefälle

Vielleicht hast du in einem Bach schon mal ein Wasserrad laufen lassen. Das vorbeiströmende Wasser treibt die Schaufeln deines Rades an. Ähnlich funktioniert ein Wasserkraftwerk. Das Wasser aus einem Stausee fließt durch Öffnungen im Staudamm nach unten in den Fluss. Dabei treibt es eine Turbine an, die mit einem Generator verbunden ist. Er wandelt die Bewegungsenergie des Wassers in Strom um.

Wasserkraftwerk

Die Fischtreppe
Auch Flüsse werden gestaut, um Energie zu erzeugen. Die in den Flüssen lebenden Fische umschwimmen die Staustelle über eine sogenannte Fischtreppe und können anschließend dem Flusslauf weiter folgen.

NATUR SCHÜTZEN – KLIMA SCHÜTZEN

Damit es auf der Erde nicht immer wärmer wird, sind viele Veränderungen notwendig. Eine entscheidende Maßnahme ist der Naturschutz. Werden Wälder weiter abgeholzt, Moore entwässert und fruchtbare Böden zerstört, trägt das mit dazu bei, dass immer mehr Treibhausgase in die Atmosphäre gelangen.

Moore

Intakte Moore sind sehr gute CO_2-Speicher. Sie speichern mehr Kohlenstoff als jedes andere Ökosystem der Welt. Pro Hektar, das ist ungefähr die Größe eines Fußballfeldes, binden sie im Durchschnitt etwa 700 Tonnen Kohlenstoff, das ist sechsmal mehr als ein Wald. Werden Moore entwässert, zum Beispiel um Torf zu gewinnen, wird der Kohlenstoff frei und verbindet sich mit dem Sauerstoff der Luft zu CO_2. Für das Klima ist es deshalb wichtig, dass Moore erhalten und trockengelegte Sümpfe wieder vernässt werden.

Torf

Früher wurde Torf abgebaut, weil er getrocknet gutes Brennmaterial ergab. Heute ist Torf vor allem in Blumenerden enthalten. Achte beim Einkauf darauf, Blumenerde ohne Torf zu kaufen. So schützt du die Moore.

Ressourcen schonen

Jeden Tag und zu jeder Stunde nutzen wir Ressourcen. Das können Materialien sein, aus denen ein Smartphone besteht, aber auch Wasser zum Duschen und Erde zum Pflanzen. Und bei allem, was wir tun, verursachen wir Treibhausgase wie Kohlenstoffdioxid. Das gilt für die Fahrt mit dem Bus zur Schule ebenso wie für die Haltung eigener Hühner.

Viele Ressourcen wie Erdöl und Metalle sind nur begrenzt verfügbar. Deshalb ist es wichtig, sie zu schonen. Wenn jeder sein Smartphone ein Jahr länger benutzen würde, bevor ein neues angeschafft wird, könnten jede Menge Rohstoffe eingespart werden. Viele Elektrogeräte können repariert werden und müssen nicht gleich auf dem Müll landen. Und wenn du Dinge aus Holz oder Edelstahl verwendest, sparst du Plastik ein, das aus Erdöl hergestellt wird.

In einem Repair-Café kannst du kaputtgegangene Dinge wieder reparieren. Das macht Spaß und schont Ressourcen!

Ressourcenverbrauch eines Handys
Um ein Handy herzustellen, werden 1300 Liter Wasser, 72 Quadratmeter Fläche, 14 bis 30 Kilogramm Kohlenstoffdioxid sowie 60 verschiedene Materialien, darunter 30 Metalle, verbraucht.

Den eigenen Konsum überdenken

Was wir kaufen, hat großen Einfluss auf unsere Umwelt. Denn für alle Dinge, die produziert werden, sind Rohstoffe, Trinkwasser und Boden notwendig. Die Baumwolle für dein T-Shirt oder deine Jeans wird auf großen Feldern angebaut. Damit die Pflanzen gedeihen, sind riesige Mengen Wasser notwendig und auch in der Verarbeitung wird viel Wasser verbraucht. Um ein Kilogramm Baumwolle anzubauen, sind etwa 11 000 Liter Wasser nötig! Deshalb ist es gut, wenn du nur Kleidung kaufst, die du auch wirklich brauchst, und sie dann so lange wie möglich trägst. So muss weniger produziert werden und die Umwelt wird geschont.

Gebraucht statt neu

Viele Dinge muss man gar nicht neu kaufen, man bekommt sie auch in gutem gebrauchten Zustand. Bücher gibt es gratis im öffentlichen Bücherschrank oder günstig auf dem Flohmarkt. Dort bekommst du auch Klamotten, Sportgeräte und Spiele. Möbel, Geschirr und Haushaltswaren bieten Gebrauchtwarenhäuser für wenig Geld an.

In einem Second-Hand-Laden kannst du deine gebrauchte Kleidung verkaufen oder etwas Gebrauchtes kaufen.

Leihen und Tauschen
Vieles kannst du auch leihen, wie zum Beispiel die Wintersportausrüstung. Oder du tauschst Sachen mit deinen Freunden. Das kostet gar nichts und macht Spaß.

Müll vermeiden

Wo viel hergestellt und gekauft wird, fällt auch viel Müll an. Ressourcen werden bei der Produktion verbraucht und dann noch einmal, wenn die Sachen entsorgt werden. Sie kommen auf Mülldeponien, werden verbrannt und manchmal sogar in andere Kontinente verschifft. Für die Umwelt wäre es viel besser, wenn weniger Dinge produziert und dann möglichst lange im Kreislauf gehalten würden. So kann aus Plastikflaschen ein Fleece-Pulli hergestellt werden und aus dem kaputten Fahrrad wieder Metall für einen Kinderroller.

Nachhaltige Produkte

Jute statt Plastik!

Müll vermeidest du auch, wenn du auf Einwegprodukte verzichtest. Kaufe unverpacktes Obst und Gemüse, benutze Mehrwegflaschen, Stoffbeutel und Rucksack statt Plastiktüten, Vorratsbehälter aus Glas und Bienenwachspapier statt Frischhaltefolie.

Altpapier
Für die Herstellung von Papier werden Bäume gefällt. Verwendest du Schreib- und Malpapier aus recyceltem Papier, schonst du die Umwelt. Für die Herstellung werden weniger Bäume gefällt und die Produktion benötigt weniger Wasser.

Warum Artenvielfalt wichtig ist

Wird der Wald abgeholzt, verlieren viele Tiere und Pflanzen ihren Lebensraum. Muss die Wiese einem Parkplatz weichen, verschwinden die Insekten. Schätzungen zufolge sind rund eine Million Tier- und Pflanzenarten vom Aussterben bedroht. Für die Menschheit wird das zum Problem, denn wenn Pflanzen nicht mehr von Insekten bestäubt werden, gibt es keine Früchte. Sterben die Korallen, verlieren viele Fische ihren Lebensraum und es kann nur noch wenig Fisch gefangen werden. Deshalb ist eine große Artenvielfalt enorm wichtig.

Ein Platz im Garten

Hast du einen Garten oder einen Balkon, kannst du die Artenvielfalt in deiner Umgebung fördern. Pflanze Blumen und Kräuter, die Insekten und Schmetterlinge anlocken. Baue eine Nisthilfe für Wildbienen und lege Wasserstellen an, aus denen sie trinken können. Ziehe dein eigenes Gemüse. Das ist gesund, spart Geld und CO_2, weil die Ernte nicht mit dem Lkw transportiert werden muss.

Insektenhotel als Nisthilfe für Wildbienen, kleinere Wespenarten, aber auch beispielsweise Ohrwürmer und Käfer

Kompost
Leg dir einen Kompost an. So wird aus deinen Bioabfällen gute Gartenerde – ganz ohne Torf!

GLOSSAR

Im Glossar kannst du Wörter aus dem Buch, die du nicht verstanden hast, nachschlagen.

Ägäis: Die Ägäis ist ein Nebenmeer des Mittelmeers.

Airbag: Ein Luftsack, der sich bei einer Kollision blitzschnell aufbläst. Er schützt Menschen bei einem Aufprall.

Ätherische Öle: Sie verdunsten schnell an der Luft, riechen gut und werden aus den unterschiedlichsten Pflanzenteilen gewonnen.

Biomasse: Sie besteht aus totem oder lebendem biologischen Material.

Carsharing: Eine Firma verleiht gegen Bezahlung Autos an Nutzer. Dafür meldet man sich beim Anbieter an, und wenn man ein Auto braucht, kann man es an einem Carsharing-Parkplatz abholen.

Emissionen: Teilchen, Stoffe oder Strahlung, die in die Atmosphäre abgegeben werden

Epizentrum: Das ist der Ort an der Oberfläche, unter dem sich das Erdbeben ereignet.

Erosion: Abtragung von Gestein und Boden durch Gletscher, Wind und Wasser

Eruption: der Ausbruch von Gas, Asche, Gestein oder Lava aus einem Vulkan

ESA: Abkürzung für European Space Agency, die Europäische Weltraumorganisation

Fallwind: Ein Wind, der von einem Gebirgshang herunterweht.

Fotovoltaik: die Umwandlung von Lichtenergie in elektrische Energie mithilfe von Solarzellen

Gülle: Ausscheidungen (Urin, Kot) von Nutztieren, teilweise mit Mist oder Wasser vermischt

Hallig: Eine Hallig ist eine kleine Marschinsel im Wattenmeer der Nordsee, die bei einer Sturmflut überschwemmt werden kann.

Humus: die abgestorbene organische Substanz im Boden

Influenza: Grippe

Katalysator: Ein Katalysator verwandelt giftige Abgase in ungefährliche Stoffe.

Klärschlamm: ein Abfallprodukt der Abwasserreinigung. Eine Mischung aus Wasser und Feststoffen

kondensieren: vom gasförmigen Zustand in den flüssigen übergehen

Kreta: griechische Insel im Mittelmeer

Lawinensonde: ein dünner Stab, mit dem nach Verschütteten im Schnee getastet wird

Leptospirose: Die Krankheit wird über Wasser, Erde oder Lebensmittel übertragen, die mit dem Urin infizierter Nager oder anderer Tiere verunreinigt sind.

Mythen: Erzählungen über den Ursprung des Universums, der Götter und Menschen

NASA: Abkürzung für National Aeronautics and Space Administration. Amerikanische Raumfahrtbehörde

Ökosystem: die Lebensgemeinschaft von Lebewesen und unbelebten Elementen in einem bestimmten Lebensraum

Outback: das Landesinnere von Australien. Das Outback umfasst etwa 90 Prozent der Gesamtfläche des Kontinents.

Partikel: kleine Teilchen

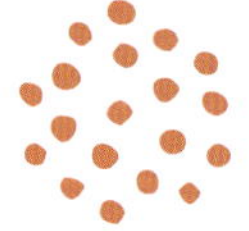

Prometheus: eine Figur aus der griechischen Sagenwelt. Er war ein Sohn aus dem Göttergeschlecht der Titanen.

Raketenoberstufe: Manche Raketen bestehen aus mehreren Teilen. Die einzelnen Stufen sind übereinander angeordnet und werden der Reihe nach gezündet.

Reetdächer: mit Schilfrohr gedeckte Hausdächer

Ressourcen: Hilfsmittel und Rohstoffe, die der Mensch zum Leben und Wirtschaften braucht, zum Beispiel Wasser, Land und Bodenschätze

Satellit: ein unbemannter Raumflugkörper

Seismometer: Gerät, um die Erschütterung der Erde zu messen

Sendeempfänger: empfängt Signale, die von einem Sender ausgesendet werden

Solarpaneel: ist ein Zusammenschluss vieler einzelner Solarzellen. Diese wandeln das Licht der Sonne in Strom um.

Stratosphäre: eine Schicht in der Atmosphäre oberhalb der Troposphäre. Sie reicht von acht Kilometern über dem Boden bis in eine maximale Höhe von 50 Kilometern.

Sturmboot: leichtes, offenes Boot mit einem Außenbordmotor

Tagebau: oberirdischer Bergbau

Torf: Torf entsteht, wenn sich in Mooren Pflanzen ablagern und nicht vollständig zersetzen.

vernässen: unter Wasser setzen

Wassersäule: die Menge Wasser in einem bestimmten Bereich von der Oberfläche eines Gewässers bis zum Grund

Zivilist: eine Person, die nicht zum Militär gehört.

Zunder: leicht brennbares Material, früher häufig aus Pilzen (Zunderschwamm), mit dem sich gut Feuer machen lässt

REGISTER

BILDNACHWEIS

Lengers, Martina: 10, 14, 18, 30, 66, 70, 72, 75, 81, 83, 84 (Weltkugel-Illustrationen)
Mauritius images, Mittenwald: 19 o., 22 o., 30, 41 u., 51 o., 51 u., 59 o., 65 u., 68 o.
Richter, Kathleen: 12 o.
shutterstock.com: Deni_Sugandi 7 o., idiz 9 u., 86 o. li., Iurii Vlasenko u. re., 24Novembers 8, Raura7 8 (Wettersymbole), sspopov 9 o., DCrane 10, Shanvood 11 o., Merkushev Vasiliy 11 u., Stock Lpa 12 u., Peter Hermes Furian 13, Ziablik 14 u., Budjak Studio 15 o., TR STOK 15 u., XXLPhoto 16 o., 24K-Production 16 u., Vaclav Volrab 17 o., Fotokostic 17 u., Kapitula Olga 18 o. re., PRESSLAB 18 o. li., Volurol 18 u., james_stone76 19 u., Travel Stock 20, FamVeld 21 o., 86 o. re., VectorMine 21 u., 36 Mi., 75 o., NickJulia 22 u., Arthorn Saklang 23 o., Kaspri 23 u., andreiuc88 24 o., by-studio 24 u., Krakenimages.com 25 o., Giovanni Rinaldi 25 u., TOP67 26 o., Millionstock 26 u., Ryan DeBerardinis 7 u. li., 27 o., Artsiom P 27 u., 29 o., NASA images 28 o., Minerva Studio 28 u., Robert A. Mansker 29 u., Huntstyle 31 o., Martin Haas 31 u., Photoguru73 32 o., MMvector 32 u., ABDULLAHNALMAMARI 33 o., footageclips 33 u., Thomas Bethge 34 o., Francois Poirier 34 Mi., nyker 34 u., John D Sirlin 35 o., Scott Book 35 u., Classic-Vector 36 o., Hoika Mikhail 36 u., Trybex 36/37 u., Deni_Sugandi 37 re., Sergiy1975 37 li., Medwedja (Brocken), boitano 38 o., Tanel Nook 38 u., guentermanaus 39 o., leolintang 39 u., Toa55 40 o., Tamara Kulikova 40 (Eukalyptus-Blätter), photofort 77 41 o., 86 Mi., Antonio Galvez Lopez 42 o., Iurii Vlasenko 42 u., Arcansel 43, ND700 44 o., mijatmijatovic 44 u., 3xy 45 o., Edgaras Sarkus 45 u., Ceri Breeze 46 o., M. Volk 46 u., Michael Kaercher 47 o., 86 u. li., Marc Bruxelle 47 u., Designua 48 o., FocusDzign 48 u., Henrik Lehnerer 49 o., Fly_and_Dive 49 u., ThomBal 50 o., Marc Venema 50 u., FoxGrafy 52 o., Drazbedel 52 u., Narongsak Nagadhana 53 o., Belish 53 u., MuhsinRina 54 o., Yai 54 u., infinetsoft 55 (Schild), Paper Street Design 55 (Steine), My Good Images 56 o., Ground Picture 56 u., 86 u. re., Lilkin 57 o., Katarzyna Wojtasik 57 u., Dr Morley Read 58 o., Elena Berd 58 u., Stanislav Simonyan 59 u., Wirestock Creators 60 li., fogcatcher 60 re., kavram 61 o., Elisabeth Coelfen 61 u., Aphelleon 62 o., Crystal Eye Studio 62 u., Nazarii_Neshcherenskyi 63 (Asteroiden), MarcelClemens 63 o., Matt Deakin 63 u., Migel 64 o., Bjoern Wylezich 64 Mi., Aunt Spray 64 u., Frame Stock Footage 65 o., Dima Zel 66, remotevfx.com 67 o., Dude Design 67 Mi., Denis Belitsky 67 u., FotoFed 68 u., agsaz 69 (Masken), Lightspring 69 (Viren), peterschreiber.media 70 u., DNetromphotos 71 o., Stefan Rotter 71 u., StarGraphic 72 o., Michael Gancharuk Mi., Elnur 72 u., Sergey Novikov 73 o., Irina Wilhauk 73 u., DiBtv 74 o., VanderWolf Images 74 Mi., Only_NewPhoto 74 u., udra11 76 o., Molenira76 Mi., AtlasStudio 76 u., akr11_ss 77 o., PhotographyByMK 77 u., MAXSHOT.PL 78 o., dongfang 78 u., gualtiero boffi 79 o., xpixel 79 (Stroh), Krumao 79 (Mais), Artiste2d3d 79 (Schilfgras), Maxim Burkovskiy 80 o., topimages 80 u., Parfenteva Tatiana 81 u., HollyHarry 82 o., Artos 82 u., Tero Vesalainen 83 o., Nikita Burdenkov 84 u., Gabriele Rohde 85 o., Jerome.Romme 85 u., Yuliya Lins (Doodles), balabolka (Doodles), primiaou (Doodles), mhatzapa (Doodles), jvillustrations (Doodles), Arthur Balitskii (Doodles)
Umweltbundesamt (Bildquelle), statistisches Bundesamt (Datenquelle): 79 u.

Für Schachprofis

Grundlagenwissen aus der Zauberwelt Schach!
Dame, König, Turm – hier erfährst du alle Grundlagen des Schachspiels. Zunächst werden dir die einzelnen Figuren und ihre Besonderheiten vorgestellt. Schritt für Schritt lernst du dann die wichtigsten Regeln und viele strategische Tricks und Zugvarianten kennen. Spannende Geschichten über das königliche Spiel lassen die Schachwelt lebendig werden!

152 Seiten, ab 8 Jahren
ISBN 978-3-8174-1098-9

Übung macht den Großmeister!
In diesem Buch kannst du alle bekannten Motive und Kombinationen aus der Welt des Schachs in über 400 Übungen trainieren. Zu Mattsetzen, Motive suchen und vielem mehr trägst du deine Lösungen direkt in das Aufgabenheft ein.

112 Seiten, ab 8 Jahren
ISBN 978-3-8174-2355-2

Michael Ehn – Hugo Kastner
SCHACHTRAINING FÜR KINDER
Motive und Kombinationen
Über 400 Aufgaben
circon

circon